_____ 드림

소통하는
육아법 편

EBS
LIVE TALK
부모

초판 1쇄 인쇄 2017년 7월 19일
초판 1쇄 발행 2017년 7월 26일

기획 EBS ◐ ● 미디어
지은이 EBS LIVE TALK 부모 제작팀
글 · 구성 이현정

발행인 장상진
발행처 경향미디어
등록번호 제313-2002-477호
등록일자 2002년 1월 31일

주소 서울시 영등포구 양평동 2가 37-1번지 동아프라임밸리 507-508호
전화 1644-5613 | **팩스** 02) 304-5613

저작권자 ⓒ 2017 EBS

ISBN 978-89-6518-203-0 03370

소통하는
육아법 편

EBS ♥
LIVE TALK
부모

EBS MEDIA 기획 | EBS LIVE TALK 부모 제작팀 지음

경향미디어

불통의 시대,
소통이 정답이다

'찰칵 찰칵'

오늘 먹은 것들, 오늘 다녀온 곳을 사진 찍어서 SNS에 올리면 많은 사람이 반응을 보여 준다.

'딩동 딩동'

휴대폰의 모바일 메신저를 통해 많은 사람과 실시간 이야기를 하고 또 함께 있음을 느낀다.

이렇게 하루 종일 많은 부분을 다른 사람들과 소통하는 데 시간을 보내고 있지만 사실 제대로 된 소통에는 한계를 느낀다. 시간을 많이 보내며 '클릭 클릭' 하고 있지만 왠지 공허하고 답답하다.

뿐만 아니라 휴대폰을 붙들고 있는 동안 아이는 잠시 잊는다. 휴대폰의 모바일 메신저로 아이의 친구 문제를 상담하면서, 정작 아이가 지금 친구와 어떻게 노는지는 못 보는 경우가 종종 있다. 휴대폰으로 좋은 육아 방법을 검색하면서 아이가 놀아 달라고 하면 "어우, 엄마 힘들어. 너 혼자 놀아."라고 밀쳐 내는 경우도 종종 있다.

그러다 보면 점점 아이는 부모와 멀어진다. 마음속의 이야기도 하지 않으려고 하고 부모가 무슨 말을 하는지도 귀담아 들으려고 하지 않는다. 결국은 "어휴, 쟤 는 왜 저러나 몰라?", "우리 엄마는 내 마음은 하나도 몰라! 말하기 싫어."라며 서 로 등을 돌려 버리게 된다. 답답한 불통의 시대에 부모와 자식 사이까지 불통으로 �꽉꽉 막혀 버리는 것이다.

하지만 서로를 알고 싶다면 소통을 해야 한다. 소통하면 편해지고 소통하지 못 하면 답답할 수밖에 없다. 물론 아무 노력을 하지 않고서 소통할 수 있는 것은 아 니다. 소통하기 위해서는 노력을 해야 한다. '공감'하고 '이해'하고 '경청'하는 노 력을 해야 한다.

소통하기 위해서는 먼저 다른 사람의 마음에 '공감'하는 능력이 필요하다. 아이 가 즐거워하면 함께 즐거워하고, 아이가 슬퍼하면 함께 슬퍼하는 마음이 있어야 아이와 제대로 소통할 수 있는 것이다. '아, 우리 엄마는 내 마음과 같구나.'라고 느 껴야 아이도 마음을 열게 된다.

소통하기 위해서는 다른 사람을 '이해'할 필요가 있다. 어른이 생각하기에 별일 아닌 일에도 아이는 흥분하거나 좌절할 수 있다. 사소한 일에도 "뭐 그런 걸로 호 들갑이니?"라고 반응하지 말고 아이의 시선으로 바라보고 이해해 보자. 아이를 무 시하지 말고, 나만 무조건 옳다고 하지 말고 아이를 제대로 이해하도록 노력하자.

또한 소통하기 위해서는 다른 사람의 말을 '경청' 해야 한다. 아이가 이야기하는 데 건성으로 "응. 응."이라고 대답한다면 아이는 금세 시큰둥해져서 입을 닫아 버 리고 만다. 아이의 말에 귀 기울여서 마음을 열고 들어 줄 필요가 있다. 아이의 이야기를 어른의 기준으로 자르지 말고 끝까지 다 들어 주어야 한다.

요즘 부모들은 말한다.

"아이 키우기 너무 힘들어요."

"정말 어떻게 키워야 할지 모르겠어요."

"누가 좀 육아의 정답을 알려 주면 좋겠어요."

육아의 정답은 멀리서 찾을 필요가 없다. 정답은 내 아이에게 있다. 내 아이를 잘 살펴보고, 내 아이의 말에 귀를 기울이고, 내 아이의 마음에 공감을 하다 보면 어떻게 아이를 키워야 할지 알 수 있다. 잘 소통하고 서로 마음을 열면 육아가 어렵게만 느껴지지는 않을 것이다. 왜냐하면 우리는 어느 누구보다 내 아이를 잘 키울 수 있는 내 아이의 부모이기 때문이다.

서로의 마음이 통한다면 해결할 수 없는
육아 문제는 없습니다.
아이의 마음에 똑똑똑 노크를 시작해 보세요!

CONTESTS

PART 2

아이의 습관과 소통하기

》세 살 내 아이 버릇 여든까지 간대!

PART 3

아이의 건강과 소통하기
≫ 내 아이 건강하게만 자라다오!

PART 4

아이의 미래와 소통하기
>> 천 리 길도 내 아이 한 걸음부터!

PART 5

아이의 주변 사람들과 소통하기

>> 내 아이, 하나를 보면 열을 안다!

PART 6

아이의 부모로서 소통하기

>> 부모가 맑아야 내 아이도 맑다!

PART 1

아이의 마음과
소통하기

천 길 물속은 알아도
한 길 내 아이 속은 모른다!

"

낳고 키우고 또 많은 시간을 함께하는 아이이지만, 어느 순간 내가 모르는 곳으로 훌쩍 멀리 가 있는 느낌을 받을 때가 있다. 아주 깊은 물속은 알 수 있지만 쉽게 알 수 없는 것이 사람 마음인 것처럼 우리 아이의 마음 또한 그러하다. 하지만 그렇게 알 수 없는 아이의 마음을 들여다보고 소통하면 아이도 마음을 열고 문제 행동도 충분히 좋아질 수 있다. 이제 아이의 마음에 똑똑 노크를 시작해 보자!

"

01
내 아이?
인성이 문제라고?

"우리 아이가 유치원에서 친구를 때렸다고요?"

"한두 번이 아니라서 우리 아이가 말썽꾸러기로 딱 찍혔다고요?"

"자꾸 주먹을 휘두르는 통에 친구들이 우리 아이랑 노는 걸 싫어한다고요?"

이런 이야기를 들으면 대부분의 부모는 믿지를 못한다. 집에서는 크게 문제없이 행동하던 우리 아이가 친구들 사이에서 그렇게 말썽을 부린다니 도무지 믿기지 않기 때문이다.

놀이로 시작해 싸움이 된 사연

놀란 마음을 다잡고 "정말 친구를 때렸니? 왜 그랬니?"라고 물어 보면 아이는 별로 대수롭지 않게 대답한다. "싸움놀이 한 거예요." 장난으로 시작했는데, 놀이로 시작했는데 이것이 커져서 싸움이 되었다는 뜻이다. 그래서 자기가 혼이 났다는 것이다.

이렇게 자신은 놀이로 했다고 이야기하더라도 "그래, 그랬구나." 하고 넘어가서는 안 된다. 아이를 믿어 주어야 하지만, 다른 친구는 아이의 행동으로 고통을 겪을 수 있음을 알려 줄 필요가 있다. "네가 그렇게 주먹으로 때리면 친구는 너무 아프지 않았을까? 친구는 싸움놀이가 싫지 않았을까?" 하고 아이에게 상대방에 대한 마음을 물어 보는 과정이 뒤따라야 한다. 그런데 만약 아이가 자신의 행동 때문에 상대방이 불편할 수 있다는 생각을 하지 못한다면 이는 심각하게 고민해 봐야 한다. 아이의 정서적 공감 능력이 떨어진다고 볼 수 있기 때문이다.

싸우는 아이, 정서적 공감 능력이 부족할 수도 있다

정서적 공감 능력이란 상대방의 입장을 이해하는 것을 말하는데, 기본적인 감정은 만 4세 때 형성되기 시작한다. 이는 '역지사지'할 수 있는 힘을 의미하며 사회화에서 가장 중요한 부분에 해당한다. 예를 들어 아이가 4세 미만일 때 "오빠 공부하니까 조용히 해."라고 하면 '아, 엄마가 조용히 하라니까 조용히 해야겠구나.'라고 생각하지만, 만 7세가 넘어서면 '떠들면 오빠 공부하는 데 방해가 되니까 좀 조용히 해 줘야겠구나.'라고 다른 사람의 입장을 생각하게 되기 때문이다.

이렇게 다른 사람의 입장을 생각하고 공감할 수 있는 힘은 인간관계의 시작일 뿐 아니라 인간관계의 정서적 테두리를 담는 그릇이 되므로 정서적 공감 능력은 매우 중요하다. 그렇다면 정서적 공감 능력이 뛰어난 것과 그렇지 않은 것은 어떤 차이가 있을까?

먼저 정서적 공감 능력이 뛰어나다는 것은 '배려심이 있다.'는 말과 일맥상통한다. 정서적 공감 능력이 뛰어난 아이들은 주위의 친구들에게 인기가 많고 사회성도 잘 발달된 것이 특징이다. 정서적 공감 능력이 잘 발달된 사람은 자존감이 높다. 반면에 정서적 공감 능력이 부족한 아이는 다른 사람의 마음을 헤아리지 못하는 경우가 많다. 상대방의 마음을 생각할 겨를도 없이 '내가 재미있으면 그만'이라는 생각에 상대방을 힘들게 할 수 있어서 주위의 친구들에게도 인기가 없는 편이다.

공감 능력이란?

남의 감정, 의견, 주장 따위에 대하여 자기도 그렇다고 느끼는 것을 공감이라고 하며, 다른 사람의 얼굴이나 몸짓에 떠오른 감정을 이해하고 다른 사람의 마음을 아는 능력을 공감 능력이라고 한다.

정서적 공감 능력이 부족하면?

다른 사람의 마음을 잘 헤아리지 못하는 경우에는 다른 사람의 마음도 잘 모를 뿐만 아니라 다른 사람을 돌아보는 여유가 없다. 예를 들어 특별한 의도 없이 툭 치고 지나간 아이에게 대뜸 "하지 마!"라고 소리치고 자신의 감정만을 표현해 버리는 일이 생기기도 하는 것이다. 엄마가 화가 났는데도 그걸 모른다거나, 친구가 자기 때문에 슬픈데도 그걸 모른다면 정서적 공감 능력이 부족하다고 볼 수 있다. 정서적 공감 능력이 부족한 아이는 감정 발달이 미성숙하여 본인의 감정을 잘 모를 뿐만 아니라 타인의 감정도 잘 알지 못하는 경우가 많다.

정서적 공감 능력이 부족할 때 더 큰 문제는 다른 사람의 마음이나 아픔, 고통을 이해하지 못해 쉽게 주먹을 휘두를 수 있고 가시 돋친 말을 내뱉을 수 있다는 것이다. 그런데 놀라운 점은 친구를 괴롭히는 아이가 정서적 공감 능력이 떨어지는 것처럼 괴롭힘을 당하는 아이도 정서적 공감 능력이 떨어진다는 것이다. 옥스퍼드 대학교와 퀸즐랜드 대학교에서 아동 2,232명을 대상으로 조사한 결과, 괴롭히거나 괴롭힘을 당하지 않는 일반 아동에 비해 괴롭히는 가해 아동과 괴롭힘을 당하는 피해 아동의 공감 능력 지수가 현저하게 낮은 것을 알 수 있다.

	일반 아동	가해 아동	피해 아동	가해와 피해를 모두 경험한 아동
공감 능력 지수	5.06	4.24	4.22	3.64

▲ **정서적 공감 능력과 학교 폭력의 연관성**(옥스퍼드 대학교 & 퀸즐랜드 대학교 / 5~12세 아동 2,232명 대상 연구)

정서적 공감은 타인을 배려하고 약자에 대한 동정심을 가지는 능력으로, 이 능력이 결여되면 타인을 지배하고 학대하려는 모습을 보인다. 또한 타인의 표정과 말투, 태도 등으로 생각을 이해하고 상황을 인식하지 못하는 것도 공감 능력이 떨어진다고 볼 수 있다. 이 능력이 결여되면 상황에 따라 적절한 태도를 취하지 못해 집단 따돌림의 표적이 되기 쉽다.

정서적 공감 능력을 키우는 방법

정서적 공감 능력은 후천적으로 배우는 것으로, 가장 큰 역할을 하는 것은 뭐니 뭐니 해도 부모이다. 부모가 아이의 정서적 공감 능력을 키워 주려면 가장 먼저 '아이의 감정을 수긍'하는 과정이 필요하다.

아이가 화를 내는 상태에서 그것을 비판하지 말고 감정 자체를 수긍하는 것이다. 이때 "네 마음을 알겠다."고 반응하는 것이 좋다. 많은 부모가 아이가 화를 내면 "시끄러! 뭐 잘했다고 화를 내!"라고 소리치거나, 울면 "너 왜 울어! 바보 같이!"라고 윽박지르곤 하는데, 이러한 태도는 아이의 입장에서는 아주 좋지 않다.

아이의 감정을 차분히 받아들여 주고 읽어 주면 '아, 우리 엄마는 내 마음을 알아주는구나.' 하고 생각해서 다른 사람이 자신의 마음을 알아주는 게 어떤 기분인지 알 수 있게 된다. 하지만 아이의 감정을 수긍한다고 해서 과도하고 부적절하고 가식적인 반응은 좋지 않다. 예를 들어 화가 난 아이가 동생을 때렸다면 "화가 나서 동생을 때렸구나."라고 하면 되지 "어이구, 우리 아들. 정말 화가 많이 났어요?"라고 반응하는 것은 지나치다는 것이다.

정서적 공감 능력을 키우는 좋은 방법 중 하나로 사람과 사람의 만남만큼 좋은 것이 없다. 그래서 캐나다에서는 갓난아기를 유치원과 초·중등학교에 초대해 아이들로 하여금 1년 동안 갓난아기의 성장 과정을 지켜보도록 하는 '공감 능력을 높이는 심리 교육' 프로그램인 '공감의 뿌리' 수업을 한다.

공감의 뿌리 효과에 대해 연구한 브리티시컬럼비아 대학교의 조사(2002)에 따르면 캐나다 토론토와 밴쿠버 28개 학급, 585명의 아동을 프로그램 전후로 분석한 결과 공격 행동이 60% 이상 감소한 것으로 나타났다. 이 프로그램을 실시한

후에 공감 능력의 발달과 함께 학습 능력도 향상되었다는 연구 결과가 나왔다. 상대방인 아기의 입장이 되어 감정을 이해하면서 공격성도 줄고, 친절해지고, 배려심도 높아진 것이다.

집에서 정서적 공감 능력 키우기

공감 능력을 키우고 싶다고 해서 어느 날 갑자기 쑥쑥 키울 수 있는 것은 아니다. 감정의 발달은 한꺼번에 많은 양을 가르쳐 줄 수 있는 것이 아니기 때문이다. 오히려 집에서 조금씩 자연스럽게 정서적 공감 능력을 키워 줘야 하는데, 이때 형제만큼 좋은 관계는 없다. 형제가 서로 부딪치고 경쟁하고 이해하면서 사회성이 키워지기 때문이다. 만약 아이에게 형제가 없다면 친구 혹은 부모와 함께 다음 3가지 방법으로 정서적 공감 능력을 키울 수 있다.

하나, 역할 놀이를 한다. 상황과 역할을 정해서 놀이를 해 보는 것이다. 예를 들어 간지럼놀이를 한다면, "우리는 지금 간지럼놀이를 할 거야. 엄마는 간지럼을 태우는 역할을 할 거고, 너는 간지럽혀지는 아이 역할을 할 거야. 그리고 이 역할을 서로 바꿔서 할 거야."라고 이야기를 하고 각자 역할을 하며 상대방의 입장이 되어 보면서 상대방의 마음을 이해할 수 있는 시간을 가진다.

둘, 감정 카드 놀이도 좋다. 여러 가지 얼굴 표정이 담긴 감정 카드를 이용해서 카드 속 표정을 보며 어떤 기분일지 말하는 놀이이다. 우는 표정의 카드를 들고 "엄마는 지금 어떤 기분일까?"라고 물어 보고 아이의 답과 그렇게 생각한 이유를 물어 보면서 상대방의 표정을 살피는 시간을 갖는다.

셋, 영화의 한 장면 따라 하기이다. 아이와 함께 영화를 보다가 중간에 살짝 멈춰서 등장인물의 감정을 읽고 표현해 보는 방법이다. "저 할머니는 왜 저렇게 웃으셨을까?", "자식들이 찾아와서요?", "아, 그런가 보다. 그럼 할머니는 다음에 어떤 행동을 하실까?", "음, 자식들을 꼭 안아 주실 거 같아요."처럼 상대방의 감정을 읽는 연습을 할 수 있다.

이런 방법들을 이용해서 정서적 공감 능력을 조금씩 키워 나가면 아이는 자기 기분뿐만 아니라 다른 사람의 기분도 중요하다는 것을 알게 되고, 어떤 기분에는 어떤 행동을 하는 게 적당한지 자연스럽게 이해하게 된다. 그런데 부모들은 아이들의 정서적 공감 능력이 발달되어도 걱정이 될 수 있다. "우리 아이가 너무 남의 기분만 생각하지는 않을까?" 하며 아이가 지나치게 타인에게 맞춰 주는 것은 아닌지 염려되기 때문이다. 하지만 정서적 공감 능력이 잘 발달된 아이들은 다른 사람의 감정을 잘 이해할 뿐 아니라 불편한 자신의 감정도 잘 표현할 수 있다.

귀여운 내 아이가 내 눈에만 예쁘게 보이지 않고 다른 사람들 눈에도 예쁘게 보였으면 하는 것이 모든 부모의 바람이다. 다른 사람의 눈에 예쁘게 보이려면 '내 생각만 하는 아이'로 키워서는 안 된다. 아이의 마음 안에는 아이의 마음 반, 다른 이들을 생각하는 마음 반이 필요하다. 그게 바로 정서적 공감 능력이다.

Q. 정서적 공감 능력을 키우기 위해 또래 집단과 함께하는 활동을 늘리는 것은 어떨까요?

A. 경험을 통해 사회성을 배우는 것은 맞습니다. 그러나 그러기 위해서 아직 준비가 되지 않은, 사회성이 부족한 아이의 사회성을 기른다는 이유로 또래 집단에 자꾸 밀어 넣는 것은 더 좋지 않은 결과가 나올 수 있습니다. 근본적인 문제가 해결되지 않은 상태에서 관계를 맺으면 더 나빠질 수 있기 때문입니다.

또래 집단과 함께하는 활동으로는 놀이치료가 아주 좋습니다. 이때 너무 많은 수의 또래와 함께하는 것보다는 처음에는 1:1의 놀이에서 시작해서 1:2, 1:4 등과 같이 관계를 넓혀 주는 것이 좋습니다.

유별난 아이,
집착이 문제이다

"제발 그만 좀 해!"

아이가 맨살에 집착해서 자기 살은 물론 다른 사람의 살을 조물조물 만지고 다니는 통에 하루에도 몇 번씩 고함이 터져 나오는 집이 있다. 뿐만 아니라 아이가 '강아지'에 꽂혀서 하루 종일 강아지 놀이를 하고, 강아지가 나오는 책만 읽고, 강아지 흉내를 내느라 정신이 없는 집이 있다. 이렇게 다른 아이와는 좀 다른 우리 아이를 사람들은 '유별난 아이'라고 부른다.

집착 대상은 수없이 많고 다양하다

맨살에 집착하고, 강아지에 집착하는 아이 때문에 주변에서 "어머, 쟤는 왜 저래?"라는 말을 듣거나 유별난 아이로 취급받으면 엄마들은 마음이 급해진다. 그래서 하루라도 빨리 우리 아이가 그런 행동을 하지 않기를 바란다. 그래서 아이에게 버럭 소리를 지르기도 하고, "다시 또 그러면 정말 가만히 안 있을 거야!"라고 겁을 주기도 한다.

아이가 집착하는 대상은 무척 다양하다. 구레나룻, 배꼽, 머리카락, 혈관 등에 집착하는 아이도 있다. 아기 때 덮었던 이불을 몇 년째 끌어안고 다니는 통에 너덜너덜하지만 버리지 못하는 집도 있고, 아기 때 가지고 놀았던 인형을 손에서 통 놓지를 못해 몇 번이나 인형을 다시 꿰매고 수선을 해야 하는 집도 있다.

특별한 한 가지에 집착하는 아이도 있다. 예를 들어 '공룡'에 집착하거나 '분홍색'에 집착하는 아이들은 주위에서 쉽게 찾아볼 수 있다. 특히 남자아이 중에는 공룡에 집착해 공룡 그림책만 보려고 하고, 공룡 장난감만 사려고 하고, 공룡 소리만 내려고 하는 일도 있고, 여자아이 중에는 분홍색에 집착해 머리부터 발끝까지 핑크로 도배를 하는 일이 허다하다.

집착이란?

어떤 것에 늘 마음이 쏠려 잊지 못하고 매달리는 것을 '집착'이라고 하는데, 특별한 사물이나 환경, 소리, 행동, 시각적 자극 등을 반복적·지속적으로 유지하고 싶어 하는 욕구를 말한다. 발달 과정상 8개월 정도에 많이 나타났다가 만 3~4세가 되면 자연스럽게 감소된다.

집착은 자연스러운 행동이다

공룡에 집착하고, 분홍색 옷이 아니면 입으려고 하지도 않던 아이들도 크면서 그런 성향이 조금씩 줄어든다. 엄마의 머리카락을 만져야만 잠이 들거나, 자기 배꼽에 손을 가져다 대고 있어야 마음이 안정되고 행복해하는 현상도 커갈수록 점점 줄어든다. 이렇게 무언가에 꽂히고 집착하는 것은 아이가 커 가면서 있을 수 있는 자연스러운 성장의 과정이다.

따라서 "어머, 우리 애는 왜 이렇게 유별난 거야!"라고 걱정할 필요도 없고, "우리 아이가 좀 이상한가?"라고 유난스럽게 굴 필요도 없다. "우리 아이 잘못된 버릇을 빨리 고쳐야겠어."라고 결심할 필요도 없다. 아직 어린아이가 무언가에 집착한다면 그것은 아이가 커 가는 과정에서 생기는 '있을 만한' 일일 뿐이다.

"응애 응애" 울면서 태어난 갓난아기들은 엄마나 주 양육자밖에 모른다. 하지만 생후 8개월쯤이 되면 일차적인 애착 관계로부터 벗어나 조금 더 넓은 외부 세계로 나아가는 과정에 들어선다. 그 과정에서 아이는 엄마를 대신하는 물건에 애착을 갖게 된다. 그것이 끌어안고 자는 이불일 수도 있고, 가지고 노는 인형일 수도 있고, 특정 행동일 수도 있다. 그러다가 만 3~4세가 되면 무언가에 집착하는 시기를 지나게 된다.

사람마다 발달 단계의 기간이 모두 같은 것은 아니지만, 일반적으로 아이들의 집착은 만 5세 이후에는 현저히 줄어든다. 그런데 그 시기가 지나서도 하나에 집착하는 증상이 계속된다면 '뭔가 다른 이유가 있는 것은 아닌가?' 하고 고민해 볼 필요는 있다.

아이들이 집착하는 이유

원래 집착이란 과도한 몰입에 해당한다. 이런 현상이 나타나는 아이를 보면 내적 불안이 높은 경우가 많다. 하지만 "어머, 그럼 우리 아이도 한 가지 집착하는 게 있는데 내적 불안이 높은 건가? 어떻게 하지?" 하고 걱정할 필요는 없다. 불안은 자신을 지키는 기재로 불안이 너무 없는 것도 문제이기 때문이다.

내적 긴장감이 있다고 나쁜 것은 아니다. 물론 지나치게 집착해서 생활이 불편하다면 그건 다른 문제이다. 엄마 맨살에 집착하는 아이라고 해서 밖에 나가서도 엄마 맨살만 만지려고 하면 당연히 문제가 될 수 있고, 강아지에 집착하는 아이라고 해서 친구들과의 대화에서 "멍멍", "왈왈" 하며 친구를 제대로 사귀지 못한다면 그것은 당연히 문제가 될 수 있다.

일반적으로 아이들이 집착하는 원인에 가장 큰 영향을 미치는 것은 주 양육자와의 불안전한 애착이다. 애착은 양육자와 형성하는 친밀한 정서적 관계를 말하는데, 이러한 관계가 안정적으로 맺어져 있지 않다면 아이는 다른 무언가에 의지하기 위해 집착을 할 수밖에 없다.

집착을 없애는 비법

"이 이불이 없으면 못 자요.", "이 인형은 항상 가지고 다녀요."처럼 아이에게는 집착하는 물건이나 대상이 있게 마련인데, 이러한 집착 대상은 아이들에게 안정감과 용기를 준다. 그런데 집착 대상이 없을 때 불안하고 두려워한다면 이것은 문제가 될 수 있다. 따라서 아이의 집착을 조금씩 줄여 주기 위해 다음과 같이 노력할 필요가 있다.

하나, "이제 안 돼!" 하고 아이의 집착 대상을 빼앗거나 아이에게 윽박지르는 것은 좋지 않다. "하지 마!", "너 때문에 못 살겠다."처럼 무조건 못하게 하는 것은 도움이 되지 않는다. 자신이 좋아하는 이불이 없으면 잠을 못 자는 아이라면, 이불을 빼앗기 전에 왜 잠을 못 자는지, 무서운 것은 무엇인지 등을 세심히 살펴볼 필요가 있다.

둘, 아이가 집착하는 대상의 특징을 살펴 바람직한 자극을 주는 게 좋다. 맨살을 만지는 것, 보들보들한 이불을 안고 있어야 하는 것처럼 촉각에 집착하는 아이라면 따뜻한 물로 샤워를 하고, 로션을 바르면서 바람직한 촉각 자극을 준다. 그리고 차분한 대화를 통해 아이가 가지고 있는 내적 불안이 무엇인지를 확인하는 것이 좋다. 만약 "너무 깜깜해서 무서워 잠을 잘 수 없어요."라고 한다면 수면등을 켜 놓는다거나, 천장에 야광별을 붙여서 밤이라도 어둡지 않게 만들어 준다.

셋, 아이가 집착하는 대상에 대해서도 충분히 수용하는 것이 바람직하다. 아이가 집착한다고 해서 그것을 문제시하거나 거부하면 오히려 부작용이 생길 수 있다. 맨살에 집착하는 아이라면 "우리 딸, 맨살이 그렇게 좋니? 엄마도 우리 딸 맨살이 너무 보들보들해서 좋아. 그런데 자꾸 이렇게 만지려고 배를 드러내 놓고 있으면 배탈 날 수 있으니 조금 덮어 주자."라고 말한다거나, 강아지에 집착하는 아이라면 "우리 아들, 강아지가 그렇게 좋아? 그래도 하루 종일 강아지만 생각하면 강아지도 피곤할 수 있어. 그러니 강아지 생각과 강아지 놀이는 하루 1시간만 하면 어떨까?"처럼 제안한다.

넷, 아이의 활동을 확장시켜 줄 필요가 있다. 아이가 집착하는 대상 외에도 재미있는 것이 아주 많고, 관심 가질 수 있는 것이 아주 많다는 것을 보여 주는 것이다. 다양한 것을 경험하게 함으로써 관심사를 넓혀 주면 한 가지에만 집착하려는 마음이 조금씩 바뀔 수 있다.

모든 사람이 똑같을 수는 없다

많은 엄마가 아이를 키우면서 '몇 개월이 되었으니 이래야 해.', '몇 살이 되었으니 이건 할 수 있어야 해.'라고 생각하는 경향이 있다. 하지만 사람은 공장에서 찍어 낸 제품이 아니기에 모두 똑같을 수는 없다. 조금씩 빠르기도 하고 느리기도 하다. 그래서 집착의 시기가 좀 더 빨리 올 수도 있고, 집착의 시기가 좀 더 늦게 끝날 수도 있다.

하지만 인간의 발달 단계를 완전히 무시할 수는 없다. 다음 표에 나오는 에릭슨의 심리사회적 발달 이론을 살펴봐도 각 단계마다 해야 할 과제들이 있다. 따라서 하나에 집착하느라 차근차근 발달시켜야 할 다른 것을 놓쳐서는 안 된다.

단계	연령	특징
1단계	~만 1.5세	우는 아이를 방치하면 '신뢰'의 감정이 제대로 발달되기 힘들다.
2단계	만 1~2세	무섭게 통제하거나 과잉보호하면 '자율성'이 발달되기 힘들다.
3단계	만 3~5세	자신의 의지를 가지고 '주도성'을 키워 나가는 시기이다.
4단계	만 6~11세	초등학생 때로, 노력하여 이루면 '근면성'을 갖게 되는 시기이다.
5단계	청소년기	'정체성'을 얻지 못하면 방황과 반항의 시기를 겪게 된다.
6단계	청년기	동료나 이성과 '친밀감'을 쌓아가는 시기로 그러지 못하면 고립감에 빠진다.
7단계	중년기	정체와 침체에 빠질 수 있는 시기로 '생산성'이 중요한 때이다.
8단계	노년기	자아를 조화롭게 완성하여 사는 시기인지 그렇지 않은지로 나눌 수 있다.

▲ [참고] 에릭슨의 심리사회적 발달 이론

Q. '우물을 파도 한 우물을 파라'는 속담처럼 무언가 한 가지에 푹 빠진 아이는 영재라서 그런 걸까요?

A. 한 분야에 빠진 아이라고 해도 여러 유형으로 나눌 수 있습니다.

① 한 분야에 대한 관심이 깊어지는 유형으로 이 경우 영재에 해당한다고 볼 수 있습니다. 바둑으로 큰 획을 그은 이세돌, 전 피겨스케이팅 선수 김연아를 예로 들 수 있습니다.

② 한 분야에서 열심히 하지만 관심의 종류가 계속 바뀌는 경우는 영재에 해당한다고 볼 수 없습니다. '1만 시간의 법칙'이라는 말처럼 한 분야에서 성과를 이루려면 그만큼의 시간과 노력이 필요한 법이니까요.

③ 한 분야에 몰두하느라 그 나이에 해야 할 과제를 놓치는 경우가 있습니다. 자신이 관심을 갖는 분야에 신경 쓰느라 정작 자신이 해야 할 일을 못하고 넘어가면 이럴 때는 문제가 될 수밖에 없습니다.

따라서 한 가지에 푹 빠진 아이라고 해도 영재라고 속단해서는 안 된답니다.

03
아이의 공포증은
아이의 눈으로!

"으앙! 무서워!"

"괜찮아. 하나도 안 무서운 거야."

"싫어. 무서워!"

어른이 볼 때는 하나도 무섭지 않은 걸 가지고 자지러지게 울거나 별것도 아닌 일에 소스라치게 질겁하는 아이를 보면 딱하기도 하면서 뭐가 그렇게 무서운 건 지 이해할 수 없어 고개를 갸웃거리게 된다.

무서운 것도, 공포증도 가지각색이다

한밤중만 되면 떠오르는 귀신, 색깔만 봐도 긴장되는 빨간색, 표지만 봐도 오싹

한 공포 소설, 털이 북슬북슬한 다리로 기어 다니는 벌레 등 세상에 무서운 것은 많다. 그런데 이런 무서운 것을 단지 "아이고, 무서워."라고 느끼는 것이 아니라 심각하게 생각하여 두려워하고 불안을 느끼고 자기 통제를 하지 못하는 경우가 있는데, 이를 가리켜 '공포증'이라고 부른다.

구멍 따위의 작은 것이 여러 개 모여 있는 것을 무서워하는 환 공포증, 높은 곳을 무서워하는 고소 공포증, 뾰족한 것을 무서워하는 선단 공포증, 넓은 장소에서 까닭 없이 두려움을 느끼는 광장 공포증, 붉은색을 무서워하는 적색 공포증, 닫힌 공간을 두려워하는 폐쇄 공포증, 다른 사람을 대하는 데 두려움을 느끼는 대인 공포증 등 공포증의 종류는 다양하다.

이렇게 어른들도 무서워하는 것이 있고, 또 공포증이라고 따로 부를 정도로 두려움을 느끼는 것이 있다. 귀신을 무서워하지만 벌레는 무서워하지 않는 사람이 있고, 벌레는 무서워하지만 어두운 곳은 무서워하지 않는 사람도 있다. 이처럼 사람에 따라 무서운 것에 대한 반응은 천차만별이다.

아이들은 왜 사소한 것에 두려울까?

사실 어른들 중에도 어두운 것, 귀신이나 도깨비, 징그러운 벌레 등은 무서워하는 사람이 꽤 많다. 하지만 아직 어린아이들의 경우에는 무서워하지 않아야 하는 것들도 무서워하는 것이 특징이다. 예를 들어 진짜 벌레가 아니라 '벌레'라고 적힌 글씨까지 무서워하는 경우도 있고, 크고 이빨을 드러낸 개가 아닌 솜털이 보송보송한 강아지를 무서워하는 경우도 있다. 또 물이 콸콸 나오는 샤워기를 무서워하기도 하고, 리코더 소리를 무서워하기도 한다. 그런데 이렇게 어른들 생각에 '별 것도 아닌 것'을 무서워하는 아이를 보면 부모는 속이 탈 수밖에 없다.

하지만 아이들은 어른들과 다르다. 따라서 어른들의 시각으로 아이들을 봐서는 안 된다. '벌레'라는 글자 자체가 나에게 해를 주지는 않는다는 것을 알고 있기에, 작은 강아지를 여러 번 만나면서 무섭지 않다는 것을 알고 있기에, 샤워기가 어떤 형태로 작동되는지 알고 있기에, 리코더 소리가 무서운 것이 아님을 경험해서 알고 있는 어른의 기준으로 아이들의 공포를 생각하면 안 된다. 어른은 경험이나 지식으로 '그것은 무서운 것이 아니다.'는 것을 알고 있지만, 아이들 입장에서는 충분히 무서운 일일 수 있기 때문이다.

또한 아직 어린아이들은 대개 어른들보다 상상력이 풍부하다. '죽' 그어진 선을 보고 뱀을 떠올리기도 하고, 나무 그림자를 보고 괴물을 상상하기도 한다. 이러한 상상력 때문에 어른이 보기에는 별것 아닌 사소한 일에도 두려워하는 마음이 생긴다. 이런 아이들에게는 생각을 두려움과 불안이 유발되는 쪽이 아닌 긍정적이고 창의력이 발휘될 수 있는 쪽으로 옮기게 도와주는 것이 좋다. 상상의 세계에 빠져 무서운 것만 떠올리지 않도록 아이에게 재미있고 유쾌한 다른 상상을 하도록 유도하는 것이 바람직하다.

두려움을 느끼는 것은 당연한 것이다

한창 무서움이 싹트는 시기는 4세 무렵이다. 심하면 화장실에 혼자 못 가고, 동물을 무서워하기도 한다. 그런데 이렇게 특별한 상황이나 대상에 두려움이 있는 것은 당연하다. 오히려 겁이 너무 없는 것보다는 적당한 두려움을 가지는 것이 자연스럽다. 하지만 이것이 특정 상황이나 대상에 대해 심한 불안과 공포를 느끼는 '공포증'으로 발전한다면 이는 위험하다고 볼 수 있다. 일상생활이나 사회적 기능에 심각한 지장을 초래할 정도로 불안한 심리 상태이기 때문이다. 예를 들어 폐쇄 공포증이 있어 엘리베이터를 타지 못해 높은 아파트를 걸어 다녀야 한다거나, 지하철을 타지 못한다면 생활에 큰 불편이 생길 수밖에 없다.

그렇다면 우리는 어떨 때 단지 '무섭다.'의 개념이 아니라 '공포증이 있다.'고 판단할 수 있을까? 결론부터 이야기하자면, 6개월 이상 일상생활이나 사회적 기능에 문제가 생길 정도로 공포증이 있을 때 '공포증이 있다.'라고 이야기할 수 있다. 사실 어른들 중에도 이런 공포증을 경험하는 사람이 많은데, 대부분의 경우 이것이 매우 비합리적이고 문제가 있음을 잘 알고 있는 경우가 많다. 엘리베이터를 타고 있어도 그 안에서 숨이 막히지 않는다는 것을 이론적으로는 알고 있지만, 막상 타려고 하면 숨이 갑갑하고 어지러워서 엘리베이터를 타지 못한다면 그 원인을 공포증에서 찾을 수 있다.

사실 공포증은 아주 드문 것은 아니다. 평생 병이 발생할 확률은 5.2%에 달하며, 남성보다는 여성이 2배 더 많은 수치를 보인다. 평균적으로 10대 중반에 발생하는 경우가 가장 많은데 유형에 따라 차이가 있다. 예를 들어 동물과 관련된 공포증은 매우 어린 아동기에 나타나며, 혈액이나 주사와 관련된 공포증은 초등학교 아동기에 발병하고, 상황과 관련된 공포증은 20대 중반에 발병하는 경우가 많다.

물론 '두렵다.'고 해서 모두 다 공포증인 것은 아니고 정상적인 두려움도 있다. 예를 들어 초등학교 들어가기 전에 느끼는 '죽음'에 대한 공포는 일반적인 것이다. "죽으면 어떻게 하지?", "죽으면 어디로 가는 거지?"라고 두려워하는 아이가 많은

데, 이는 당연한 일이다. 이런 정상적인 두려움의 감정은 나이가 들면 해결이 되는 경우가 많다. 어렸을 적에는 너무너무 무서워했던 천둥, 번개도 서서히 무서워하지 않는 것처럼 나이가 들면 괜찮아지기 때문이다.

두려움을 극복하는 방법

효과적으로 일을 해내고 자신을 지키기 위해서는 누구나 긴장을 하고 두려움을 갖는다. 따라서 이러한 감정은 억지로 이겨 내는 게 아니라 점진적으로 줄여 나가는 것이 중요하다. 긴장을 낮추어서 두려움이라는 감정을 스스로 통제할 수 있도록 하는 것이다.

하나, '플러딩(flooding) 방법'을 사용해 두려움에 노출시킨다.

홍수를 영어로 플러드(flood)라고 하는데, 플러딩 방법이란 말 그대로 홍수처럼 두려운 상황에 확 들어가는 방법을 가리킨다. 이때 중요한 것은 본인 스스로 두려움을 극복하겠다는 강한 의지가 있어야 하고, 직면한 어려움이 어떤 것인지를 정확히 이해할 수 있어야 한다는 것이다. 엘리베이터를 무서워하는 사람이 억지로 엘리베이터에 타 보는 것, 높은 곳을 무서워하는 사람이 높이 올라가는 놀이기구를 타 보는 것 등을 예로 들 수 있다. 억지로라도 늘 피하기만 하던 두려운 상황에 접하고 "어, 큰 일이 생기는 건 아니구나." 하고 느끼게 되면 두려움을 극복할 수 있기 때문이다. 하지만 이러한 플러딩 방법은 준비되지 않은 어린아이에게는 좋지 않을 수 있다.

둘, '체계적 탈감작화 방법'으로 조금씩 두려움을 줄인다.

불안을 일으키는 자극 중 가장 약한 것부터 시작하여 점점 강한 자극에 반복적으로 노출해 공포 반응을 줄여 가는 기법이다. 만약 샤워기로 샤워하는 것을 무서워하는 아이라면 1단계는 샤워기를 높은 곳에서 낮은 곳으로 옮기게 하고, 2단계는 자기 스스로 가능한 범위 안에서 샤워기를 작동하게 하는 과정을 거친다. 이렇게 조금씩 아이가 감당할 수 있는 선에서 두려운 상황을 스스로 이겨 내게 하는 것이다. 이때 성취감과 스스로 확신이 생길 수 있도록 하는 것이 필요하다.

[1단계] 동물 그림이나 사진을 난이도1부터 시작해서 점점 난이도를 높여 보여 준다.	난이도1 아이가 두려움을 느끼지 않을 정도로 귀여운 동물 캐릭터	난이도2 작고 귀여운 강아지나 고양이 그림	난이도3 아이가 읽었을 법한 동화책에 나오는 동물 그림	난이도4 귀여운 아기 강아지나 고양이 사진	난이도5 일반적인 개나 고양이 사진	난이도6 다른 동물들 사진

⇩

[2단계] 실제 동물을 유리벽 너머로 볼 수 있게 한다.	동물병원과 같은 곳에서 아이 스스로 긴장을 풀 수 있게 도와주면서 편안하게 동물을 관찰할 수 있도록 한다.

⇩

[3단계] 유리벽이 없는 상황에서 동물을 관찰할 수 있도록 한다.	이때 아이는 호랑이나 사자처럼 크고 무서운 동물보다는 작고 귀여운 동물에게 훨씬 편안하게 접근할 수 있다.

⇩

[4단계] 아기 강아지나 고양이에게 점점 가까이 다가가게 하여 만져보게 한다.	억지로 거리를 좁히게 하면 오히려 반감이 생길 수 있으니 편안하게 조금씩 거리를 좁히도록 하는 게 필요하다.

▲ **체계적 탈감작화로 두려움을 극복하는 방법**(동물을 너무 무서워하는 아이의 경우)

Q. 호랑이, 사자, 여우 등의 동물이 너무 무서워서 동물과 관련된 그림이나 글씨까지도 무서워하는 아이, 어떻게 극복해야 할까요?

A.

① 불안과 두려움을 스스로 다룰 수 있도록 부모가 도와줘야 합니다. 두려운 상황을 없애기 위해 동물 책을 아예 보여 주지 않는 것도, 억지로 "넌 왜 이런 걸 무서워하니!" 하며 동물과 친해지기를 강요하는 것도 옳은 방법이 아닙니다. 두려운 상황에서 아이가 스스로 진정할 수 있어야 건강하게 자랄 수 있기 때문입니다.

② 책에 나오는 동물과 관련된 그림이나 글씨가 무섭다면 아이가 무섭다고 느끼는 것에 무조건 스티커를 붙이라고 하세요. 이때 쉽게 뗐다 붙였다 할 수 있는 스티커를 활용하는 게 좋습니다. 조금 덜 무서워지면 스티커를 떼어 내면 되기 때문입니다. 아이가 스스로 무서움이 덜해지면 스티커를 떼어 내면서 성취감을 느낄 수 있게 도와주세요. "엄마, 나 오늘 스티커 하나 뗐어요.", "우아, 정말! 정말 용감하다."고 칭찬해 주면서 격려하는 것도 아주 좋습니다.

③ 무서움을 없애기 위해 아이가 무서워하는 것과 관련된 즐겁고 행복한 경험을 같이 해 주는 것이 좋습니다. 예를 들어 동물을 무서워하는 아이라면 아이가 친근하게 다가갈

수 있는 동물과 관련된 좋은 경험을 하게 해 주는 것이지요. 또 어두운 곳을 무서워하는 아이라면 함께 노래방에 가서 즐거운 경험을 하게 해 주는 것이 좋습니다. 그러면 두려움의 감정 위에 행복한 경험이 더해져서 "음, 동물이 귀엽기도 하네?", "아, 어두운 게 무섭기만 한 것은 아니구나." 하고 느낄 수 있습니다.

04
엄마 없인 못 사는
엄마 껍딱지

"엄마~~~!" 하고 울면서 엄마가 들어간 화장실 앞에서 떠나지 않는 아이.

"싫어, 싫어! 엄마랑 있을 거야!"라고 떼를 쓰면서 엄마 껍딱지가 된 아이.

"아빠 말고 엄마! 엄마!"라며 목 놓아 엄마만 불러대는 아이.

이런 아이를 보면 하루 이틀도 아니고 언제까지 이래야 하는지 몰라서 엄마는 고달프다. 아이가 예쁘긴 하지만 엄마만 찾는 아이 때문에 고민이 된다.

엄마와 떨어지지 않는 아이

갓난아이는 엄마와 사실 떼려야 뗄 수 없는 관계이다. 엄마 없이는 아무것도 할 수 없기도 하지만, 태아 때부터 가지고 있던 유대감이 계속 이어져 온 때문이기도 하다. 아이는 생후 8개월이 지날 때쯤 엄마와 자신이 떨어질 수도 있다는 사실을 알게 되면서 불안감을 느끼게 된다. 그래서 엄마가 보이지 않으면 큰 소리로 운다. 이렇게 엄마와 떨어지는 것에 불안감을 느끼는 것을 가리켜 '분리불안'이라고 한다. 분리불안이 심할 경우에는 엄마만 찾고 엄마에게서 떨어지지 않으려는 현상이 나타난다.

인간은 안정감을 유지하기 위해 겁을 내거나 두려움을 느낀다. 그 때문에 평소와 다른 상황에서는 주춤하거나 긴장한다. 따라서 아이가 엄마와 떨어져서 낯선 사람에게 맡겨질 때 그 사람에 대해 불안하다고 느끼는 감정이나, 유치원이나 학교에 처음 들어갈 때 나타나는 불안한 행동이나 표현은 자연스러운 것이라 볼 수 있다.

분리불안이란?

주양육자(대개는 엄마)와 떨어지는 것에 대해 불안을 느껴 떨어지지 않으려고 하는 것을 말한다.
생후 7~8개월경에 시작해 14~15개월에 가장 강해지고 3세까지 지속된다.

분리불안은 애착의 문제이다

분리불안은 누구에게나 있을 수 있는 불안감이지만 심하면 문제가 된다. 엄마 또는 주양육자와 떨어질 때 나타나는 분리불안은 아이마다 다른데, 만약 아이가 너무 불안해서 몸이 아프고, 일상적인 활동을 할 수 없을 정도라면 '도움이 필요한 경우'라고 판단해야 한다. 취학 아동인 초등학생 중에서도 5% 내외, 중학생 중에서도 2% 내외가 분리불안을 크게 느끼는 것으로 조사되었다. 주위에서 볼 때는 다 컸다고 생각되는데도 엄마랑 떨어지는 게 불안한 아이들이 적지 않다.

그렇다면 왜 분리불안이 생기는 걸까? 다른 집 아이는 안 그러는데 왜 유독 우리 아이는 심하게 불안해하는 걸까? 원래 낯을 심하게 가리는 아이이거나 혼자 있을 때 심한 두려움을 겪은 아이라면 엄마와 떨어지는 게 많이 두려울 수 있다. 아니면 스트레스를 크게 받은 일이 있다거나, 양육자가 자주 바뀌는 일이 있었을 때에도 아이는 엄마에게 매달린다.

이처럼 분리불안의 원인은 다양한데, 그 중 가장 큰 원인은 '애착'에서 찾을 수 있다. 어렸을 때 자신을 키워 주는 양육자와의 애착이 단단하게 잘 형성되어 있으면 아이들은 편안하게 안정감을 느끼고 불안의 감정도 줄일 수 있다. 때문에 분리불안이 있다는 것은 아이와 엄마 또는 주양육자 사이에 초기 애착 형성이 잘 되지 못했다는 의미이기도 하다.

연령별 분리불안 극복 노하우

영아기

1~3세의 어린 아기에게는 '아, 엄마가 보이지 않지만 사라진 것은 아니구나.'라고 알려 주는 것이 필요하다. 여러 가지 놀이로 자연스럽게 가르쳐 줄 수 있는데, 가장 대표적인 놀이가 '까꿍놀이'이다. 엄마가 손으로 얼굴을 가렸다가 보여 주는 까꿍놀이를 하면서 엄마가 사라지는 것이 아님을 인지할 수 있게 한다. 더불어 엄마가 몸을 숨겼다가 같은 자리에서 아이에게 나타나는 것을 반복해 주는 '숨바꼭

질' 같은 놀이도 도움이 된다.

또한 불안감이 높은 아이라면 따뜻한 스킨십을 하면서 아이의 불안감을 해소할 수 있다. 목욕 후에 로션을 바르며 마사지를 해 주거나 서로의 얼굴을 만지는 등의 스킨십으로 충분히 교감을 나누면 불안감을 줄일 수 있다.

유아기

돌이 지나면 눈에 보이지 않아도 있다는 것을 안다. 세 돌이 지나면 자기를 사랑하는 엄마의 마음이 있다는 것도 이해한다. 그러므로 연령에 따라 부모의 태도가 달라져야 한다. 유아기에는 놀이와 스킨십과 함께 아이에게 신뢰감을 확실히 심어 주는 게 필요하다.

먼저 자리를 비울 때 아이에게 엄마가 어디 가는지 정확하게 알려 주어야 한다. 아이가 울까 봐, 떨어지지 않으려고 할까 봐 몰래 외출하는 것은 오히려 엄마에 대한 신뢰감을 무너뜨릴 뿐이다. 출근을 하거나 화장실에 가거나 외출을 할 때 엄마가 어디 가는지 알려 주는 게 바람직하다.

"너 자꾸 엄마만 찾으면 엄마 확 나가 버릴 거야."와 같은 식으로 엄포를 놓는 것은 절대로 좋은 방법이 아니다. 무서운 말로 혼내는 것은 오히려 아이의 불안감만 키워서 엄마를 더 찾게 하고 엄마에게 더 매달리게 하는 반응만 야기시킬 뿐이라는 것을 명심해야 한다.

아동기

어느 정도 컸다고 생각했는데 아직도 엄마 껌딱지인 아이들이 있다. 이럴 때는 아이를 잘 관찰해서 자립할 수 있도록 부모가 도와줘야 한다. 왜냐하면 아이가 이렇게 불안감을 표출하는 이유는 내적 불안감이 그만큼 높다는 것을 의미하기 때문이다. "너 이제 다 컸는데 이러지 좀 마!"라고 질책하기보다는 아이가 왜 엄마와 떨어지고 싶지 않은지, 왜 엄마가 없으면 불안해하는지를 잘 살펴야 한다.

신체 활동을 하게 하는 것도 좋은 방법이다. 몸을 쓰는 운동은 아이가 자기 신뢰감을 회복하는 데 도움을 준다. 두려움이나 겁이 점점 사라지고 자신감이 생기게 된다. 이때 아이의 성향에 맞는 운동을 하게 하는 것이 바람직하다. 여럿이 팀을 이뤄서 하는 운동을 좋아하는 아이라면 축구나 야구를 하게 하고, 혼자서 하는 운동을 좋아하는 아이라면 태권도나 줄넘기를 하게 한다.

가족이 함께하는 육아

사람은 사회적인 동물이다. 가정에서부터 시작하여 유치원, 학교, 직장 등 사회 속에서 여러 사람을 만나 관계를 맺고 살아가야 하는 존재이다. 그러므로 사회성을 키워 주는 게 아주 중요하다.

아이가 분리불안이라는 장벽에 막혀 있지 않도록 우선 아이에게 엄마 외에 다른 사람과도 만날 수 있는 기회를 충분히 제공해 준다. 다른 가족은 물론 친구나 친척 등 사람들과 자주 만날 기회를 주고 또 그 시간을 즐겁게 채운다면 '아, 다른 사람과도 이렇게 즐겁고 편안하구나.'를 느낄 수 있게 된다.

그러기 위해서는 다른 가족의 도움이 많이 필요하다. 아빠나 할머니 등 다른 가족들의 얼굴을 아이에게 많이 보여 주고 놀아 주고 안아 주게 한다. 다른 사람들과 함께 있어도 안전하다는 것을 아이가 느끼게 함으로써 '엄마가 아니라 다른 사람과 있어도 큰 일이 없구나.'를 알게 하는 것이다.

　이렇게 엄마에게만 매달리는 아이를 교육시킨다고 억지로 떼어놓는 것은 좋은 방법이 아니다. 오히려 엄마와 아이만으로 묶여 있는 관계는 충분히 인정해 주고 그 밖에 다른 관계도 자연스럽게 맺을 수 있도록 폭을 넓혀 주는 것이 바람직하다. 가족이 함께할수록 아이는 잘 자랄 수 있다는 것을 잊지 말아야 한다.

Q. 아침마다 유치원에 안 가겠다고 울어요. 처음에는 그럴 수 있겠지 했는데 시간이 지나도 달라지지 않아요. 언제쯤 좋아질까요?

A. 일반적인 분리불안은 유치원 등에 보낸 지 한두 달이면 없어집니다. 하지만 이는 일반적인 경우로 그보다 길게 가는 경우도 많고, 초등학교 때까지 이어지는 경우도 드물지 않습니다.

일단 아이가 다니는 유치원에 다른 문제는 없는지를 확인해 보세요. 혹시 괴롭히는 친구가 있는 것은 아닌지, 화장실에 가는 게 불편한 것은 아닌지 등을 세심히 살펴보는 게 필요합니다.

만약 유치원에 아무 문제가 없는데도 엄마와 떨어지는 걸 불안해한다면 우선 아이의 마음을 안심시켜 주어야 합니다. 무작정 "너 울지 좀 마! 다른 친구들은 다 잘 다니는데 이러면 어떻게 해"라고 재촉하면 아이는 오히려 불안감이 높아집니다. 대신 "우리 딸 많이 불안하구나. 많이 힘들지? 엄마도 우리 딸과 떨어지는 게 아쉽기는 하지만 친구들과 배워야 할 게 있으니까 조금만 서로 힘내자. 엄마가 이따가 3시에 데리러 올게. 그때 만나 꼭 안아줄게."처럼 아이의 마음을 알아주고 만날 시간을 알려 주는 것이 바람직합니다. 물론 아이와 약속한 시간은 반드시 지켜야 합니다. 그래야 아이의 분리불안도 사라질 수 있습니다.

05
말이 안 통하는 아이,
마음부터 다독여 주자

"너 왜 이렇게 말이 안 통하니?"

"그건 엄마도 마찬가지인데요?"

"뭐?"

"엄마도 제 말 안 들어 주시잖아요. 똑같은 거 아니에요?"

따박따박 말대꾸를 하면서 말은 하나도 통하지 않는 아이를 보면 뒷목이 당기기도 하고, 말을 않고 입을 꾹 다물고 있는 아이를 보면 답답해서 열이 나기도 한다. 이렇게 말이 안 통해 엄마 애를 끓게 만드는 아이에게 혹시 말 못할 속사정이 있는 건 아닐까?

사춘기만큼 어려운 유아 사춘기

아이가 아직 어려 제대로 말을 못하던 시기에는 '어휴, 어서 빨리 커서 말을 좀 했으면……' 싶다. 하지만 재잘재잘 말문이 트인 이후로는 '아이코, 말 좀 그만 했으면……' 싶을 때가 있는 것도 사실이다. 왜냐하면 아이들의 말은 갑작스럽게 엉뚱한 데서 터져 나와 당황스러운 상황을 만드는 것이 특징이기 때문이다. 사람이 많은 곳에서 "우리 엄마 아침에 똥 쌌어요."라고 말하기도 하고, 엘리베이터 안에서 "엄마, 아빠랑 싸우지 마."라고 난데없이 소리치기도 해 부모를 아연실색하게 하는 일이 드물지 않다.

이렇게 말문이 트여서 본격적으로 말을 잘하는 시기가 되면 아이에게 또 한 번의 변화가 찾아온다. 바로 유아 사춘기이다. 사실 사춘기란 육체적·정신적으로 성인이 되어 가는 시기로 사전에서는 15~20세라고 가리킨다. 이 시기에는 괜스레 조그만 일에도 쉽게 짜증이 나거나 마음이 상하고 다투기도 하는 일이 생긴다. 그런데 이보다 훨씬 더 이른 나이에 사춘기와 비슷한 감정이 생기는 시기가 있는데, 이 시기를 '유아 사춘기'라고 부른다.

어렸을 적에는 말을 예쁘게 하던 아이가 어느 날 말대꾸를 하기 시작하고 "칫, 엄마도 모르면서!" 하고 무시하는 말을 서슴없이 내뱉기 시작하면 '혹시 우리 아이에게 유아 사춘기가 찾아온 것은 아닌가?' 하는 의심을 해 볼 필요가 있다. 괜히 아이가 삐뚤어진 것 같아서 '이 아이가 내 아이가 맞나?', '이 아이를 어떻게 하면 좋을까?' 하고 염려하지 않아도 된다.

루돌프 슈타이너의 인지학에 따르면 0~2세를 뇌 발달기, 2~4세를 몸통 발달기, 5~7세를 팔다리 발달기로 나눈다. 그런데 이 팔다리 발달기에 해당하는 5~7세 시기에 유아 사춘기가 찾아온다.

말대꾸는 성장의 증거이다

모든 아이가 똑같은 것은 아니지만, 대부분의 아이는 생후 24개월 전후가 되면 안 부리던 고집을 서서히 부리기 시작한다. 늘 입혀 주던 옷을 입지 않고 자기가 옷을 고르기도 하고, 늘 먹던 방식이 아니라 다른 방식으로 먹으려는 등 자기 목소리를 내기 시작한다. 이러한 현상은 아이가 '나'를 알아 간다는 가장 확실한 증거이다. 내 몸을 내 뜻대로 움직이면서 자신감이 생기고 내가 하고 싶은 것을 주장하기 시작하는 것이다. 그러다가 아이가 5살 무렵이 되면 언어 능력이 더욱 좋아져 자기 목소리를 더 내게 된다.

아무 말도 하지 못하던 아이가 만 2세가 되면 약 300개의 단어를 사용할 수 있고, 만 3세가 되면 1,000개, 만 4세가 되면 1,600개의 단어를 사용할 수 있다고 한다. 여기서 더 발달하여 만 5세 아이의 경우 2,000여 개 이상의 단어를 사용한다. 이렇게 아이가 쑥쑥 자라면서 아이가 사용할 수 있는 언어의 폭이 쑥쑥 확장된다.

그런데 이렇게 말을 '잘' 하다 보면 자칫 '말대꾸'를 하는 것으로 오해받을 수도 있다. 그전까지는 고분고분하던 아이였는데, "왜 이거 입어야 돼요? 나 저거 입으면 안 돼요?"라고 자기 뜻을 표현하기 때문이다. 뿐만 아니라 실제로도 엄마나 아빠의 말에 지지 않고 꼬박꼬박 대꾸를 하기 시작한다. 엄마가 "안 돼!"라고 해도 "왜 안 되는데요? 지난번에는 된다고 했잖아요. 이랬다저랬다 하는 거 나쁘다고 엄마가 그랬는데 엄마도 이랬다저랬다 하는 거예요?"라고 대꾸해 엄마의 말문을 막아 버리기도 한다.

하지만 이런 '말대꾸'는 아이가 버릇이 없어서 하는 것이 아니다. 오히려 커 가면서 생기는 자연스러운 현상으로 보아야 한다. 아이가 몸과 마음이 커 가면서 자신을 표현하는 방법이 생기고 자신의 의견을 이야기할 줄도 알게 된 것이다.

말과 관계된 연구 (미국 경제매거진 INC닷컴)

1. 미국 마이애미 대학교의 연구

어린이집에 다니는 수다스러운 아이는 유치원에 들어가게 되면 학습 과정을 더 잘 따라 하고 공부도 잘하는 것으로 나타났다.

2. 미국 버지니아 대학교의 연구

설문 조사 결과 부모에게 말대꾸를 한 경험이 있는 아이가 다른 사람에게도 자신의 의견을 효과적으로 이야기하는 것으로 나타났다.

말대꾸하는 아이 vs 묵묵부답인 아이

말대꾸를 하는 아이는 대부분 말을 '참' 잘한다. 어른들의 말에 따박따박 말대답을 해서 얄밉기도 하지만 아이만의 논리에 두 손 두 발을 들 때가 있다. 이렇게 말을 잘하고 반박을 하는 아이에게는 말의 내용을 문제 삼지 말고 태도의 문제로 이야기를 해야 한다. "네 말이 맞아. 그런데 너의 옳은 이야기가 잘 전달되려면 말하는 방법도 중요해."라고 이야기를 하는 것이 바람직하다. "네 이야기가 잘 전달되려면 조금 더 부드럽게 말하면 좋을 것 같아." 하고 방법을 제시해 준다.

더불어 아이의 말대꾸, 즉 공격성 자체를 부정적으로 볼 필요는 없다. 공격성은 세상을 향해 용감하게 나아갈 수 있는 힘이기도 하므로 이를 무시하거나 비난하는 것은 옳지 않다. "그건 왜요?"라고 아이가 말한다면 "넌 말하는 태도가 이게 뭐야?"라고 대꾸하지 말고 "아, 왜 그런 건지 궁금한 거구나? 그렇다면 조금 더 부드럽게 물어봐 주면 좋겠다."라고 응대하는 것이 아이의 태도 변화에 도움이 된다.

또한 말대꾸를 하는 아이의 버릇을 고친다고 체벌을 해서는 안 된다. 말대꾸를 하는 사람 대부분은 상대방이 말하는 것에 굉장히 예민하다. 따라서 극도로 친절하게 말하지 않으면 자신을 미워해서 공격한다고 받아들이는 성향이 있다. 그래서 "너 어른에게 말버릇이 그게 뭐니?"라고 퉁명스레 이야기하면 아이는 자신을 미워해서 공격한다고 생각할 뿐 자신의 태도를 고치려는 노력은 하지 않는다.

이렇게 말을 잘해서, 말대꾸를 많이 해서 고민인 아이가 있는 반면, 말을 안 해서 고민인 아이도 있다. "저녁에 뭐 먹고 싶니?"라고 물어봐도 아무 대답이 없고, "유치원에서 무슨 일이 있었니?"라고 물어봐도 "그냥"이라는 대답만 돌아오는 아이라면 부모는 아이의 말에 목마를 수밖에 없다.

그런데 말을 잘 하지 않는 아이 중에는 내적 긴장감이 높은 경우가 종종 있다. 말을 하고 싶어도 말이 안 나오는 경우처럼 내면의 긴장감이 극도로 높아지면 얼어붙는 것이다. 마치 밤에 도둑을 만났는데 도망가지 못하고 발이 바닥에 붙는 것과 마찬가지이다.

이런 아이에게 "어서 말을 해 봐!"라고 다그치면 아이는 울음을 터뜨리거나 딴청을 피우면서 상황에서 벗어나려고만 할 뿐이다. 따라서 말을 하도록 다그치는 것은 옳지 않다. 말을 안 하는 것이 아니라 못하는 것이기에 아이가 편안한 분위기에서 말을 할 수 있도록 유도해 주는 것이 바람직하다. 억지로 말을 시켜서 불편한 감정을 느끼게 하는 것보다 "네가 이야기하고 싶을 때 해."라고 편안하게 자리를 마련해 주고, "엄마는 네가 말하고 싶을 때 언제나 옆에 있을 거야."라고 지지해 주는 것이 필요하다.

말을 하지 않으려는 아이에게는 대화의 필요성을 이야기해 주는 것이 좋다. "인간은 말이 필요해. 말을 하지 않으면 다른 사람은 잘 몰라. 대화는 인간관계의 소통이기 때문이야. 그래서 네가 알 때는 안다. 모를 때는 모른다고 해 줘야 다른 사람도 네 마음을 잘 알 수 있어."라고 대화의 필요성을 꾸준히 이야기해야 한다.

말을 너무 하지 않아서 '우리 아이가 실어증은 아닐까? 선택적 함구증은 아닐까?' 하고 고민하는 경우가 있다. 실어증은 주로 엄청난 충격으로 인해 나오는 증상이고, 선택적 함구증은 사회공포증의 한 유형으로 말할 줄 아는 능력이 있는데도 선택적 상황에서 말을 하지 않는 증상이다. 선택적 함구증의 경우, 일반적인 기능을 발휘하지 못할 경우, 말을 하지 않아 사회 적응에 문제가 나타나는 경우에는 걱정을 해야 한다. 그러나 기분이 좋지 않아서 한 번쯤 말을 하지 않는 것은 선택적 함구증이 아니니 염려하지 않아도 된다.

대답을 잘 하지 않는 아이와 대화하는 방법

1. 필답을 한다.

2. 녹음기를 통해 자기 목소리를 녹음하게 한다.

3. 녹음된 목소리로 다른 사람과 소통하게 한다.

4. 대화의 필요성을 조언한다.

5. 긍정적 소통으로 애착을 높이고 불안을 낮춘다.

6. 몸을 움직이고 심신을 단련하면 좋아질 수 있다.

7. 팽팽한 긴장감을 가진 경우 천천히 옆에서 말을 걸어 주는 것이 좋다.

8. 문제가 심각할 경우 소아정신과 전문의를 찾아가야 한다.

말 잘 듣는 아이보다
대화할 줄 아는 아이로 키워야 한다

대부분의 부모는 자녀가 '말 잘 듣는 아이'가 되길 바란다. 하지만 우리 아이가 너무 순종적이길 바라고 내 우산 안에만 있기를 바라는 것이 올바른 것은 아니다. 아이는 나와 다른 존재이고, 다른 생각을 가지고 있고, 다른 미래를 살아 갈 사람이기 때문이다. 따라서 말을 잘 듣는 아이보다는 대화를 할 줄 아는 아이로 키우는 것이 바람직하다. 그렇다면 어떻게 해야 대화를 잘하는 아이로 성장시킬 수 있을까?

먼저, 아이의 말을 다 들어 준다. 아이의 말을 중간에서 끊지 않고 그 내용을 끝까지 받아들인다. "언제나 나는 귀를 열고 있다. 그러니 언제든지 하고 싶은 말이 있으면 엄마에게 하렴."이라고 아이를 지지해 준다면 아이는 하고 싶은 자신의 이야기를 속 시원하게 다 할 수 있을 것이다.

다음으로, 아이의 말하는 태도가 잘못되었다면 태도 부분은 짚어 줘야 한다. 아이가 지나치게 공격적으로 말하거나 비난하는 태도로 일관한다면 "네가 말하고 싶은 내용이 무엇인지 알겠어. 조금만 더 상냥하게 말하면 엄마가 더 잘 들을 수 있을 것 같아."라고 친절하게 짚어 준다.

이때 아이에게 훈계를 하는 것은 좋지 않다. 대화는 즐거움을 위해 하는 것이고, 다른 사람과 소통하기 위해 하는 것이라는 것을 알려 주는 게 좋다. 설사 다른 사람의 말이 틀렸다고 해도 그것을 꼬집어 비난하는 것보다는 함께 이야기하기에 즐거운 것이라는 것을 경험으로 많이 가르쳐 주는 게 바람직하다.

Q. 우리 아이는 유독 말대답을 많이 하는 편이에요. 걱정인 것은 이렇게 어렸을 때 말대답하는 버릇이 어른이 되어서도 이어지지는 않을까 하는 점이에요. 괜찮을까요?

A. 마이크로소프트를 창업하고 세계적으로 이름을 널리 알린 빌 게이츠도 어린 시절에 부모님에게 심하게 말대답을 하는 아이였다고 합니다. 그래서 빌 게이츠의 부모가 전문의에게 상담을 했더니 "부모로부터 독립하려고 하는 것이니 내버려 두세요."라는 답을 들었다고 합니다. 이후 빌 게이츠의 부모는 아들의 말대답에 "음, 창의력 있는 대답을 하는구나."라고 긍정적으로 반응해 주었다고 합니다.

이처럼 말대답을 하는 버릇이 '나쁜 것'은 아닙니다. 하지만 말은 사람들이 관계를 맺어가기 위해서 하는 것이므로 한 사람이 일방적으로 많이 해서는 안 됩니다. 일반적으로 대화는 정보를 전달하기만 하는 것이 아니라 정서 교감을 위한 것이기도 합니다. 그런데 말대답을 하는 아이들의 경우에는 정서적 교감이 아니라 내용만 파악해서 꼬투리를 잡기도 하므로 부모가 잘 조절해 줘야 합니다.

말대답을 하는 아이라면, 아이의 특성을 살펴보고 아이의 모난 부분을 둥글려 줘야 합니다. "사랑하는 아들, 네 말이 잘못된 것은 아니지만 그렇게 무섭게 말하면 듣는 사람이 상처를 받을 수 있을 것 같아. 그러니 다음에는 조금 더 부드럽게 말하면 좋겠구나."처럼 아이가 부족한 부분을 보완하면서 자연스럽게 대화를 할 수 있도록 이끌어야 합니다. 대화는 인간과 인간이 소통하기 위한 수단이니까요.

06
우리 집 폭군,
떼쓰는 게 문제이다

"으앙! 사 줘! 사 줘!"

사람 많은 마트 안 장난감 코너 바닥을 구르며 떼를 쓰는 아이.

오늘은 무슨 일이 있어도 장난감은 안 산다고 굳게 약속까지 하고 왔는데 아무 소용이 없다.

사람들이 지나가면서 한마디씩 하는 통에 엄마 얼굴은 화끈화끈 달아오르지만 아이는 장난감을 사 줄 때까지 바닥에서 일어날 생각이 없다.

떼쓸 수밖에 없는 이유는 많다

"어휴, 우리 애는 왜 이렇게 떼를 쓰는지 모르겠어요!"라고 부모들은 이야기하지만 사실 생각해 보면 아이들이 떼를 쓸 만한 이유는 너무나도 많다. 먼저 우리 주위를 둘러보면 사고 싶은 것도 많고 갖고 싶은 것도 넘쳐 난다. 아이들 입장에서 생각해 보면 텔레비전에서 매일같이 광고하는 예쁜 인형도 갖고 싶고, 애니메이션에 나오는 장난감도 갖고 싶고, 연예인들이 머리에 달고 나온 반짝이는 머리핀도 갖고 싶다. 하지만 아이들이 자기 마음대로 가질 수 있고, 살 수 있는 것은 많지 않다. 물건을 사는 것은 부모의 허락을 받아야 하기 때문이다.

또한 아직 어린아이들은 청소년이나 어른들처럼 능숙하게 일을 해내지 못하기에 떼를 부리기도 한다. 예를 들어 자전거를 멋지게 타는 동네 형을 보면 아이도 그렇게 타고 싶은 마음이 든다. 하지만 아직 자전거를 잘 탈 수 있는 능력은 부족하다. 그래서 괜히 자전거에게 화풀이를 하고, 형들이 타는 자전거처럼 커다란 자전거를 사 달라고 떼를 부리기도 하는 것이다.

뿐만 아니라 아직 어린아이들의 경우 어른들만큼의 참을성이 없다. 배가 조금 고픈 상황에서도 어른들은 '조금 있다가 집에 가서 밥 먹어야지.'라고 생각하면 참을 수 있지만, 아이들은 '으앙! 나 저거 지금 당장 먹고 싶어.'라고 조르고 떼를 부리게 되는 것이다. 먹고 싶은 것이 있으면 당장 먹고 싶고, 갖고 싶은 것이 있으면 당장 갖고 싶기에 참지 못하고 터트린다.

이처럼 떼를 부릴 수밖에 없는 이유는 많다. 때문에 아이들마다 심하고 덜하고의 차이는 있지만 순한 아이든 드센 아이든 상관없이 대부분의 아이는 '떼와 고집'을 가지고 있다.

부당한 요구나 청을 들어 달라고 고집하는 짓을 가리키는 말이다. 생후 18개월 이후부터는 자의식

이 강해지고 고집이 생겨 자신이 원하는 것이 좌절되었을 때 화를 내고 데굴데굴 구르는 등 온몸

으로 떼를 쓴다.

아이들이 떼쓰는 이유

2살 미만의 아이들은 자신의 생각을 말로 표현하는 게 힘들다. 언어 발달이 잘 되지 않고, 감정을 표현하는 방법을 모르기 때문에 떼를 쓰게 되는 것이다. 따라서 2살을 넘었다고 하더라도 말이 늦어지면 아이가 떼쓰는 게 길어지기도 한다.

3살 정도 되면 자율성이 생기는데, 이때 부모가 아이의 감정과 잘 소통하는 게 중요하다. 아이의 감정을 알아주지 않으면 아이는 '떼쓰는 아이'가 될 수 있기 때문이다. 하루에 사탕을 하나만 먹기로 했는데 특별한 기준 없이 아이가 조금만 투정을 부려도 "응, 또 먹어!"라고 허용을 하면 아이는 '다음에 또 떼를 부리면 엄마가 들어줄 거야.'라고 생각할 수 있다. 반대로 아이의 마음을 전혀 몰라준 채 받아 주지 않으면 아이는 짜증이 나고 속상해서 떼를 부릴 수 있다. 부모가 너무 '오냐오냐' 하며 허용했거나, '절대 안 돼!'라며 너무 하지 못하게 했을 경우 모두 문제가 된다.

이처럼 떼를 쓰면 뭐든지 해결되었던 경험이 있을 경우, 자기 통제력이 부족하고 충동적인 성향이 강한 경우, 부모의 사랑을 충분히 받지 못했다고 느낄 경우 등 아이가 떼를 쓰는 원인은 여러 가지가 있다. 그 중에서도 가장 일반적인 원인을 찾

아보면 바로 부모의 양육 태도와 관련이 있다. 아이가 떼를 썼을 때 들어준 일이 자주 발생하면 아이의 입장에서는 떼를 쓰면 해결된다는 것을 알게 된다. 부모가 '해 달라고 하면 다 해 주는' 버릇을 들여 놨기에 이렇게 버릇이 든 아이는 사고 싶은 것을 사 달라고 했는데 사 주지 않을 때, 하고 싶은 것을 하지 못하게 할 때 떼를 쓰며 울면 결국 자기 뜻대로 된다는 '해결책'을 배운 것이다.

떼쓰는 아이, 상황별 대처법

[case 1] 뭐든지 자기가 하겠다고 고집을 부릴 때

"내가 할 거야! 으앙!" 엘리베이터 버튼을 아이가 누르기 전에 엄마가 눌렀다면 그게 속상해서 소리를 지르고 울며 떼를 부리는 경우가 있다. 뭐든 "내가", "내가"를 달고 다니는 통에 아이 눈치를 봐야 하는 상황까지 되어 버렸다.

[sollution]

한참 자아가 발달하는 만 2~3세의 아이는 무조건 스스로 하고 싶어 한다. 하지만 아직 미숙한 탓에 혼자 밥을 먹다가도 줄줄 흘리기 일쑤이고, 혼자 세수를 하다가도 화장실을 물바다로 만들기 일쑤이다. 이럴 때에도 아이가 혼자서 할 수 있도록 기회를 주는 것이 성장 발달에 도움이 된다. 하지만 모든 상황에 아이가 다 할 수 있는 것은 아니다. 그럴 때는 단호하게 이야기하는 것도 필요하다. "미안해. 우리 딸이 엘리베이터를 누르고 싶어 하는 거 깜빡했어. 하지만 이제 그만 떼를 부리렴. 다음에는 네가 버튼을 누르고 싶으면 먼저 이야기하렴." 하고 상황을 마무리해야 한다.

[case 2] 공공장소에서 소리를 지르면서 물건을 사 달라고 떼를 부릴 때

마트나 백화점에서 시도 때도 없이 장난감을 사 달라고 떼를 부리는 아이라면 함께 마트나 백화점에 가는 것조차 두려운 것이 부모의 마음이다. 장난감 코너에서 드러누워 우는 것은 아닌지 걱정이 앞서기 때문이다. 이런 아이라면 먼저 부모가 마음의 준비를 단단히 해야 한다.

[sollution]

① 평소에 떼쓰기 예방하기

아이의 떼를 예방하기 위해서는 아이 행동에 일정한 원칙을 정해 주어야 한다. 아이는 갈등의 감정이 있을 때 스스로 어떤 감정에 따라 행동을 해야 할지 모르기 때문에 오히려 어른이 결정해 주기를 기대한다. 따라서 허용되는 행동의 범위를 일러 주는 것이 아이의 자아 발전에 도움이 된다.

② 마트에 가기 전에 다짐하기

아이와 마트에 가기 전에 사야 할 목록을 같이 점검해 본다. "오늘은 저녁에 카레라이스를 만들 거라서 카레, 쇠고기, 감자, 당근을 살 거야. 장난감은 안 살 거야. 그래서 그쪽으로는 구경 안 갈 거야. 마트 잘 다녀오고 나서 우리 맛있는 아이스크림 사 먹자."라고 아이와 미리 얘기를 하고 다짐을 받아 두는 게 필요하다.

③ 마트에서 목록 확인하기

마트에 도착했다면 아이와 함께 장을 보고 장난감 코너는 피하는 게 좋다. 만약 아이가 장난감 코너에 가자고 떼를 부린다면 집에서 한 다짐을 상기시키고, 공공장소에서는 소리를 지르거나 떼를 부리는 행동은 옳지 않음을 얘기해 주는 것이 바람직하다. 반대로 아이가 떼를 부리지 않고 무사히 마트를 나왔다면 약속했던 아이스크림을 사 주고 아낌없이 칭찬을 해 준다. "우리 아들, 오늘 쇼핑 정말 잘했네? 엄마도 아들과 함께 쇼핑하니 정말 재미있었어. 고마워."

떼쓰는 아이, 바로잡을 수 있는 방법

시도 때도 없이 떼를 쓰는 아이라면 부모는 진이 빠진다. 하루 이틀 겪은 일이 아니기 때문이다. 하지만 포기하지 말고 아이를 바로잡기 위해 끈기를 가지고 노력해야 한다. 몇 시간이 걸릴 수 있다는 각오를 단단히 하고 훈육을 하거나 참아 주는 태도가 부모에게 필요하다.

그리고 아이와 소통할 수 있는 부모가 되어야 한다. 아이가 떼를 부리는 이유를 들어 주면서 아이의 마음을 읽는 과정이 필요하다. 아이가 조르고 요구할 때 그것이 어른의 눈에는 말도 안 되게 여겨지더라도 아이에게는 타당한 이유가 있을 수 있다. 무조건 안 된다고 결론짓기 전에 아이가 왜 그런 요구를 하는지, 아이의 마음을 알아봐야 한다.

하지만 아이의 마음을 잘 살펴보았음에도 그것을 들어줄 수 없을 때는 단호해야 한다. 마음을 단단히 먹고 아이에게 안 되는 이유를 설명해 주고 마음을 접게 해야 한다. 그런데 이때 많은 엄마가 "너 때문에 못 살겠어.", "아빠에게 전화할래.", "도깨비가 잡아간대."라는 식의 말을 하는데, 이는 절대 좋지 않다. 양육을 포기하는 말이기 때문이다. 오히려 "아니야, 지금은 네가 떼를 부려도 안 되는 거야."라고 끝까지 단호한 태도를 유지할 필요가 있다.

단호하게 이야기할 때 감정을 잘 조절해야 한다. 아이는 싸울 대상도 이길 대상도 아니기 때문에 너무 화가 날 경우에는 체벌을 하는 것보다 "너 잠깐만 좀 있어 봐. 엄마도 잠깐 마음을 다독일게."라고 서로에게 시간을 두는 타임아웃을 갖는 게 좋다.

[1단계] 요구를 바로 들어주지 말고 말없이 기다려라.	[2단계] 차분하게 아이의 마음을 가라앉혀라.	[3단계] 대화는 울음이 그칠 때까지 기다려라.
스스로 진정하는 과정이 필요하다. 지나치게 빨리 달래려고 하면 문제가 생긴다. "울지 말라고 했지!"라고 하는 것보다 가만히 지켜보는 게 필요하다. 고개를 돌리거나 어설프게 훈계하거나 혀를 차는 행동 등은 좋지 않다.	울음이 잦아들면 "그쳐 봐.", "엄마 기다리는 중이야.", "진정해."와 같이 차분하게 이야기하는 게 필요하다. 진정되지 않은 상태에서는 이야기가 진행되지 않는다는 것을 알려 준다.	울음을 그쳤을 때 대화를 시도한다. 그래야 아이도 '떼를 부려도 아무 소용이 없구나.' '우리 엄마는 내 이야기를 듣기 위해 기다려 주는구나.' 하는 마음이 들게 된다.

▲ 떼쓰는 아이 바로잡는 3단계 노하우

반대로 아이가 떼를 쓰지 않았을 때는 잊지 말고 칭찬을 해 주는 것이 아이의 행동에 좋은 영향을 준다. 아이가 떼쓰지 않고 참는 모습을 보일 때는 "가지고 싶은데도 잘 참는구나. 그런 모습을 보니 네가 참 자랑스럽다."라고 칭찬해 주거나 "그땐 가지고 싶은 걸 못 가져서 속상했지? 엄마도 네가 속상해하는 걸 보고 너만큼 속상했어."라고 말해 주면서 아이의 마음을 어루만져 주는 것이 좋다.

또한 '안 돼.'를 최소한으로 줄인다. 유난히 고집이 세고 떼를 심하게 부리는 아이에게는 '해서는 안 되는 일'을 최소한으로 줄이는 것이 좋다. 아이에게 위험한 것만 금지하고 나머지는 모두 허용해서 직접 시행착오를 겪게 하는 것이다. 이렇게 하면 아이는 되는 것과 안 되는 것을 경험으로 터득한다.

떼쓰기와 고집은 아이들이 자라면서 생기는 현상 중 하나이다. 자아가 생기기 때문에 내 생각이 있고 내 의지가 있고 내 고집이 생기는 것이다. 이러한 아이의 마음을 잘 들여다보면서 아이가 자신의 마음을 잘 조절할 수 있도록 도와주는 것이 부모의 역할이라는 것을 잊지 말아야 한다.

Q. 우리 아이는 떼를 쓰기도 하지만 화를 잘 참지 못해 고민이에요. 화를 참게 하는 방법은 없을까요?

A. 화를 잘 내는 아이라고 해도 아무 때나 화를 내서는 안 된다는 걸 배워야 합니다. 그러기 위해서는 일반적이고 보편적이고 상식적인 기준을 계속 배워 가는 게 바람직합니다. 공공장소에서는 상대방에게 피해를 주는 행동을 하면 안 된다거나 서로 예의를 지켜야 한다는 등의 내용을 가르쳐 주면 좋습니다.

또한 다른 사람의 행동에 나쁜 뜻이 없음을 알려 줘야 합니다. 친구가 혹시 지나가다가 '툭' 치고 갔다고 해도 악의를 가지고 한 행동이 아니라는 것을 가르쳐 주는 게 좋습니다.

여기에 덧붙여 화를 누르는 방법 등을 가르쳐 주는 게 바람직합니다.

[화를 누르는 방법]

① 엘리베이터 게임

화를 가라앉히는 게임으로 10층에 있던 화가 9층, 8층으로 줄어드는 상상을 경험시키는 방법입니다. 스스로 화를 조절할 수 있는 방법을 배울 수 있습니다.

② 신체적 움직임 늘리기

야외 활동을 하거나 몸을 쓰는 운동을 하는 것은 분노의 감정이나 적개심을 줄여 줍니다. 신체적 활동량을 늘리는 게 필요합니다.

③ 전문가의 도움 받기

아이 혼자 떼를 쓰고 화를 참지 못해 힘들어한다면 아이를 중심에 놓고 아이에게 도움

이 될 수 있는 방법을 찾는 것이 필요합니다.

PART 2

아이의 습관과
소통하기

세 살 내 아이 버릇
여든까지 간다!

"

어렸을 적 버릇이 오래간다며 버릇을 잘 들여야 한다고 말한다. 때문에 아이에게 좋은 버릇, 좋은 습관을 몸에 배게 해 주고 싶은 게 부모의 마음이다. 하지만 날이 갈수록 나쁜 버릇, 나쁜 습관만 눈에 보여 마음이 조급해진다. 이러다가 정말 평생 고쳐지지 않는 습관만 갖게 될까 봐 조바심이 생긴다. 하지만 아이의 마음을 잘 들여다보고 시간을 갖고 소통을 하다 보면 걱정하던 버릇도, 마음 졸이던 습관도 훨씬 좋아질 수 있다. 여든까지 갈 우리 아이 세 살 버릇, 지금 다시 한번 살펴보자!

"

01
정리 좀
하고 살자

"이게 뭐니? 좀 치워라 치워!"

"아이쿠! 장난감 때문에 넘어지겠다."

아이가 있는 집은 대부분 집 안 곳곳에서 아이 장난감, 아이 책을 볼 수 있다. 놀 때는 재미있게 가지고 놀지만, 읽을 때는 신이 나서 읽지만 뒤돌아서면 너저분하게 흩어져 있어서 정신이 없다.

정리하는 것도 습관이라는데 언제까지 따라다니면서 치워 줘야 하는지, 어떻게 정리하는 습관을 들여야 할지 엄마는 참 막막하다.

자기 물건을 못 챙기는 아이

사람이 평생 살아가면서 리모컨을 찾는 데 걸리는 시간이 무려 15.4일이라고 한다. 바꾸어 말하면 리모컨을 바로바로 찾을 수만 있으면 보름이라는 시간을 아낄 수 있다는 말이다. 이처럼 정리가 잘 되어 있으면 물건을 찾느라 걸리는 시간을 줄일 수 있고, 찾는 노력이나 수고도 절약할 수 있다.

하지만 아직 어린 내 아이는 정리를 절대 하지 않는다. 가지고 놀던 장난감도 가지고 놀던 그대로 펼쳐 놓고 일어서고, 읽으려고 뽑았던 책도 다 읽고 나면 그 자리에 그대로 내려놓는다. 심지어는 밖에서 놀고 오면 현관에서부터 가방과 옷을 하나씩 벗어 놓기도 한다.

이렇게 정리의 개념이 없는 아이는 대부분 자신의 물건을 잘 챙기지 못하는 특징이 있다. "너 모자 어떻게 했어?" 놀이터에 나갔다가 돌아온 아이에게 물어보면 "응? 몰라!"라는 대답이 돌아오고, 유치원에 갈 때 목에 두르고 간 목도리를 빼놓고 와서 엄마가 유치원에 전화를 하게 만든다.

이처럼 물건을 흘리고 다니는 아이들은 정리하는 습관이 일찍부터 몸에 배어 있지 않다. 때문에 자기 물건에 대한 애착심이 없다. 자기 것을 잘 챙기지 못하고, '있어도 그만 없어도 그만'이라고 생각해 버리는 것이다. 이런 아이에게는 정리 습관을 가르쳐 주는 것이 꼭 필요하다. 그러지 않으면 자라서 어른이 되어서도 자신의 물건을 잘 챙기지 않을 확률이 높다.

정리 습관을 들일 필요가 있다

"아이가 아직 어려서 그렇지 크면 다 할 거예요.", "뭘 정리하는 것까지 습관을 들여요."라고 이야기하는 부모가 많다. 하지만 정리라는 것은 단지 물건을 정리하고 치우는 것만이 아니라 스스로 자신의 생활과 시간을 관리하는 능력까지 포함한다. 이 물건은 어디에 놓고, 언제 무엇을 하고, 어떻게 시간을 보낼지를 계획하는 능력은 정리와 관련이 있기 때문에 생활에서 큰 부분을 차지한다.

따라서 아이들이 어렸을 때부터 정리를 통해 질서가 바로잡히는 경험을 하게 해 주는 것이 좋다. "어? 물건을 제자리에 두었더니 내 방이 훨씬 깨끗해졌네?" "오! 옷을 제자리에 벗어 두었더니 다음에 찾기 쉬웠어."처럼 정리를 해서 좋았던 경험을 아이에게 많이 접하게 하면 아이는 정리의 필요성을 알게 되고 정리 습관도 자연스럽게 가질 수 있다.

정리를 잘하려면 어떤 능력이 필요할까? 사실 정리라는 것은 단순하게 '자주 쓰는 것은 가까이 두고, 무거운 것은 아래에 둬야지.'와 같이 생각하는 것부터 '내게 필요한 것은 무엇이고, 필요 없는 것은 무엇이야.'와 같이 구분하여 생각하는 것까지 포함한다. 이렇게 생각하려면 물건을 어디에 둘지, 어떤 것들끼리 묶어서 분류할지 등에 관한 계획이 필요하다. 즉 정리를 잘하려면 조직화 능력이 필요하다.

뿐만 아니라 정리를 잘하려면 정보를 처리하는 힘이 필요하다. 새로 물건을 하나 사더라도 '이건 이런 물건과 같이 두면 되겠네.'라고 생각할 수 있어야 정리로 이어지기 때문이다. 이렇게 정보를 처리하고, 생각을 정리하는 힘이 뛰어나면 일을 할 때 시간을 줄이고 수고를 덜할 수 있다. 일을 효율적으로 하는 것도 정리 정돈과 관련이 있다.

정리가 습관이 되려면?

정리하는 습관이 몸에 배면 여러 가지로 좋은 점이 있다는 것은 알겠지만 아직 어린아이들에게 그것을 가르치기는 쉽지 않다. 우선 어린아이들의 경우 정보를 조직하고 처리하는 능력이 부족하기 때문이다. 따라서 어린아이에게 "혼자 제대로 정리해 봐!"라고 말하는 것은 무리이다. 걷는 게 안 되는 아이에게 뛰는 것을 가르칠 수는 없다.

하나, 아이에게 솔선수범하는 모습을 보인다.

아이는 엄마 아빠가 하는 모습을 은연중에 많이 보고 배우게 마련이다. 아이에게 "정리 좀 해!"라고 소리치기 전에 엄마 아빠는 제대로 정리를 하고 있는지를 확인해야 한다. 정리 습관은 부모를 닮는 경우가 많다. 사실 정리하고 수납하는 것은 부모의 어깨너머로 배우는 것이 대부분이다. 아이는 '아, 엄마가 장난감을 정리할 때는 저렇게 빨간색 통에 담으시는구나.', '아빠가 책을 정리할 때는 종류별로 나누어서 하시는구나.' 하고 눈여겨본다. 아이에게 부모가 솔선수범하는 모습을 보여 주면 자연스럽게 아이도 부모를 따라 정리하는 습관을 갖게 될 것이다.

둘, 정리를 해야 하는 이유를 알려 준다.

무턱대로 아이에게 '정리하라.'고 이야기하는 것보다는 '왜 정리를 해야 하는지'를 알려 주고 충분히 이해시키는 것이 바람직하다. 동기가 없이 무작정 하는 것보다 이유를 알고 하면 훨씬 즐겁게 잘할 수 있기 때문이다. 아이에게 정리된 모습을 보여 주고, "정리를 하면 깨끗하지?", "네.", "이렇게 깨끗하면 물건들도 편하고 사람도 편하단다."라고 정리해야 하는 이유를 알려 주는 것이 좋다.

셋, 정리하는 방법을 알려 준다.

물고기를 잡으려면 낚시하는 방법을 알려 주는 것처럼 정리 습관을 기르려면 정리하는 방법을 먼저 알려 줘야 한다. 아이와 함께 정리하는 물건의 위치를 정하거나 규칙을 알려 준다. '이 물건은 여기에 함께 두면 나중에 찾을 때 좋겠다.'처럼 하나하나 물건이 정리될 곳의 위치를 정하고 방법을 이야기하는 과정이 아이에게는 반드시 필요하다.

물건	정리할 곳	정리하는 방법
인형	장난감 통	튀어나오지 않게 차곡차곡 넣는다.
책	책장	글자가 바로 보이도록 꽂는다.
가방	가방 걸이	떨어지지 않게 건다.

▲ 정리하는 방법 예시

넷, 정리하는 날을 정한다.

매일같이 "정리해.", "정리해." 하면 아이도 엄마도 스트레스가 될 수밖에 없다. 때문에 1주일에 한 번 정도 정리의 날인 '정리데이'를 만드는 것이 효율적이다. 이 날은 집 안 대청소를 하듯이 가족 구성원 각자 자신의 영역을 나누어서 정리하게 한다. 아빠는 서재, 엄마는 안방, 아이는 아이방을 정리하되 아이에게는 아주 작은 범위를 스스로 정하게 하여 시작한다. "오늘은 책상 위에만 정리해 볼까?"처럼 말이다. 이때 시간은 15~30분이 적당하다.

다섯, 꾸준히 격려하며 칭찬한다.

대부분의 엄마는 아이의 가방이 지저분하다면 "야, 넌 가방이 이게 뭐냐?"라고 소리치며 대신 정리해 준다. 하지만 이건 좋은 방법이 아니다. 먼저 아이에게 필통 정리처럼 아주 좁은 범위를 정해 주고 직접 정리하게 해야 한다. 그리고 아이가 정리를 잘했다면 칭찬을 아끼지 말아야 한다. 아이에게 정리하는 방법에 대해 몇 번 설명했다고 금세 좋아지기를 바라면 안 된다. 부모의 일관성과 인내심이 중요하다는 것을 잊지 말아야 한다.

연령별 정리 기대치는 다르다

아이들은 대부분 정리를 하는 것에 익숙하지 않다. 때문에 어른의 눈높이에서 제대로 하기를 바라는 것은 옳지 않다. 어른의 눈높이에서 보면 한없이 부족해 보이기 때문이다.

유아기

이 시기의 아이들은 물건을 사용하고 바로 제자리에 두는 것은 어렵다. 때문에 낮 동안에는 실컷 장난감도 가지고 놀고 책도 보며 놀았다가 저녁에 부모와 함께 정리를 하게 하는 것이 바람직하다. 또한 아직 말도 못하는 어린아이에게 정리를 말로 가르치는 것은 옳지 않다. 따라서 이 시기에 정리 정돈하는 습관을 가르치려면 엄마 아빠가 생활 속에서 정리 정돈하는 모습을 아이에게 자주 보여 주는 것이 바람직하다. 그래야 아이도 부모처럼 정리할 수 있다.

아동기

어른이 원하는 방식, 어른이 원하는 시간에 일일이 정리하게 하기보다는 좀 더 수월한 방법을 제시하는 게 좋다. '장난감은 초록색 상자에, 책은 책장에, 인형은 빨간색 상자에' 식으로 단순하게 해 주는 것이 바람직하다.

아이가 더 크면 아이와 함께 정리할 공간을 만들어 보는 것도 좋은 방법이다. 어른이 생각할 때 편한 정리 규칙과 아이가 생각할 때 편한 정리 규칙이 다를 수 있기 때문이다. 어른은 악기는 악기끼리, 인형은 인형끼리 둬야 한다고 생각하지만 아이는 색깔별로 둬야 한다고 생각할 수도 있다. 아이가 자주 가지고 노는 장난감이 무엇인지, 아끼는 옷은 무엇인지 등을 잘 생각해 보고 아이와 함께 장난감이나 옷을 제자리에 두는 것, 사용하기 편하게 만드는 게 어떤 것인지 고민해 본다. 그러다 보면 자연스럽게 아이도 정리를 잘하게 되고, 이 습관은 오랫동안 아이의 삶을 지켜 줄 수 있을 것이다.

Q. 아이가 찰이에요. 어린아이에게 정리 습관을 들이려다가 잔소리를 하게 되는데요. 엄마와 아이 모두 스트레스 받지 않고 정리 습관을 들일 수 있는 방법을 알려 주세요.

A. 정리가 스트레스가 되면 곤란합니다. 그러면 하기 싫은 게 되니까요. 생활 속에서 자연스럽게 할 수 있게 아이와 함께 놀이식으로 정리를 하는 것이 좋습니다. 아이가 가지고 노는 인형에게는 '인형을 정리하는 서랍장이 인형 집'이 되는 것이고, 아이가 좋아하는 책에게는 '책을 정리하는 책장이 책이 잠을 자는 집'이 된다고 가정하고 아이와 함께 놀이를 합니다.

"어머, 시간이 벌써 이렇게 되었네? 이제 그만 우리 멍멍이 잠자러 가야겠는데?"라고 이야기하면서 같이 인형을 집에 넣어 주면서 인형 놀이를 해 보세요. 그리고 "멍멍이 인형이 집에 가니까 기분이 좋은가 봐. 잘 자라고 인사를 하네."라고 이야기를 해 주면 아이는 엄마와의 놀이를 흉내 내려고 합니다. 그러면 자연스럽게 정리 습관을 들일 수 있습니다.

02
우리 집은
스마트폰과 전쟁 중

"그만 좀 볼래?"

"힝!"

"밥 먹을 때는 내려 놔!"

"힝!"

많은 가정에서 스마트폰 때문에 생기는 실랑이 중 하나이다. 때로는 스마트폰 때문에 전쟁 아닌 전쟁이 벌어지기도 한다. 아이가 밥을 먹을 때도, 쉬는 시간에도 손에서 놓으려고 하지 않기 때문이다. 저러다가 중독되는 건 아닌지 벌써부터 걱정이 이만저만이 아니다.

스마트폰을 뺏으면 화를 내는 아이

미래창조부와 한국정보화진흥원이 발간한 '2016 스마트폰 과의존 실태 조사' 결과에 따르면 만 10~19세 청소년 10명 중 3명(30.6%)이 스마트폰으로 인해 일상생활에 지장이 있고, 쓰지 못하게 할 경우 금단 증상이 오는 스마트폰 과의존 상태인 것으로 조사되었다. 특히 만 10세 미만 유·아동의 스마트폰 중독 비율도 17.9%로 성인(20~59세) 16.1%보다 높은 것으로 조사됐다. 지난 2015년(12.4%)보다 5.5%나 늘어난 수치이다.

스마트폰에 '과의존'한다는 말은 '과도한 몰입'이라는 말과 일맥상통한다. 스마트폰을 쓰지 않으면 일상생활에 지장이 있거나, 사용하지 못하게 했을 경우 불안감을 느끼는 경우에는 스마트폰에 과다하게 몰입되어 있다고 봐야 한다.

이렇게 스마트폰에 대한 문제가 불거지면서 부모들은 '혹시 내 아이도 스마트폰에 과하게 의존하고 있는 것은 아닌가?' 하고 생각한다. 실제로 아이와 스마트폰으로 실랑이를 벌이는 부모가 많다. "식당에서 아이에게 얌전히 있으라고 스마트폰으로 만화 동영상을 한두 번 보여 줬어요. 그러다 보니 점점 아이가 보채거나 울 때 스마트폰을 쥐어 주게 되더라고요." 이렇게 처음 시작된 스마트폰 사용이 어느 사이에 익숙하게 되어 버리면 엄마도 아차 싶다. 그래서 스마트폰을 줄이려고 하면 아이는 격렬하게 거부하고 눈물을 쏟아서 엄마 입장에서는 이러지도 저러지도 못하는 상황에 빠지는 것이다.

스마트폰 문제는 남의 일이 아니다

대부분의 아이가 "저는 그냥 친구들 쓰는 만큼 쓰는데요."라고 말한다. "우리 아이는 스마트폰 그렇게 많이 안 쓸 걸요?"라며 안심하는 부모도 있다. 하지만 스마트폰은 본인도 잘 모르는 사이에 과몰입된 상태일 때가 많다. 따라서 객관적으로 내 아이가 얼마나 스마트폰에 빠져 있는지 찬찬히 점검할 필요가 있다. 다음 페이지에 제시한 표에서 각 항목을 읽고 숫자를 쓴 다음, 모두 더해 보자. 점수가 높을수록 위험하다는 신호임을 알아야 한다.

스마트폰은 양날의 검이다

컴퓨터 소프트웨어와 개인용 컴퓨터를 생산하는 미국 기업인 애플사의 창업자인 스티브 잡스는 스마트폰과 떼려야 뗄 수 없는 인물이다. 그런데 아이러니하게도 그는 자신의 자녀들에게는 스마트폰을 금지하였다고 한다. 아직 어린아이일 경우 스마트폰을 제대로 사용할 수 없으리라 판단해서일 것이다.

물론 스마트폰은 좋은 점이 많다. 전 세계의 사람들과 SNS 등으로 실시간으로 소통할 수도 있고, 길을 모를 때 찾아갈 수 있는 길잡이 역할도 한다. 또 많은 음악을 담아 들을 수도 있고, 많은 사진을 찍을 수도 있고, 정보의 바다에서 싱싱한 정보를 낚아 올리는 기계이기도 하다. 하지만 스마트폰은 위험 요소도 많다. 검증받지 않은 정보를 거름망 없이 받아들이게 하고, SNS 등에 묶여 한시도 손에서 떼지 못하게 하고, 많은 기능을 탑재하고 있어 없으면 불안해지기 때문이다.

	다음 항목을 읽고 오른쪽 빈 칸에 숫자를 써 보세요. (전혀 그렇지 않다 : 1점, 그렇지 않다 : 2점, 그렇다 : 3점, 매우 그렇다 : 4점)	
1	스마트폰의 지나친 사용으로 학교 성적이나 업무 능력이 떨어진다.	
2	스마트폰을 사용하지 못하면 온 세상을 잃은 것 같은 생각이 든다.	
3	스마트폰을 사용할 때 '그만해야지.' 하고 생각은 하면서도 계속한다.	
4	스마트폰이 없으면 불안하다.	
5	수시로 스마트폰을 사용하다가 지적을 받은 적이 있다.	
6	가족이나 친구들과 함께 있는 것보다 스마트폰을 사용하는 것이 더 즐겁다.	
7	스마트폰 사용 시간을 줄이려고 해 보았지만 실패했다.	
8	스마트폰을 사용할 수 없게 된다면 견디기 힘들 것이다.	
9	스마트폰을 너무 자주 또는 오래 한다고 가족이나 친구들로부터 불평을 들은 적이 있다.	
10	스마트폰 사용에 많은 시간을 보내는 편이다.	
11	스마트폰이 옆에 없으면 하루 종일 일(공부)이 손에 안 잡힌다.	
12	스마트폰을 사용하느라 지금 하고 있는 일(공부)에 집중이 안 된 적이 있다.	
13	스마트폰이 없으면 안절부절못하고 초조해진다.	
14	스마트폰 사용이 지금 하고 있는 일(공부)에 방해가 된다.	
15	스마트폰 사용에 많은 시간을 보내는 것이 습관화됐다.	
합계	45점 이상 : 고위험 사용자군 42~44점 : 잠재적 위험 사용자군 41점 이하 : 일반 사용자군	

▲ 스마트폰 중독 자가 진단표

이처럼 스마트폰은 이로운 점과 해로운 점을 모두 가지고 있는 양날의 검이다. 때문에 이것을 사용하는 사람이 잘 사용하지 않으면 스마트폰에 끌려 다닐 수 있다. 뿐만 아니라 스마트폰만 사용하느라 다른 것을 하지 못하는 실수를 저지를 수도 있다. 인간의 시간과 에너지는 유한하다. 따라서 이것의 배분을 잘하지 못하면 곤란해질 수밖에 없다. 스마트폰을 하느라 친구들과 뛰어놀지 못하고, 스마트폰을 하느라 가족과 대화를 하지 못하고, 스마트폰을 하느라 책 읽을 기회를 놓치고, 스마트폰을 하느라 맛있는 음식을 기계적으로 먹는 것은 인생의 많은 부분을 놓치는 것이기 때문이다. 따라서 스마트폰에 빠진 아이에게 '기계와 나만의 관계에 매몰되면 다른 많은 것을 못 볼 수밖에 없다.'는 것을 알려 줄 필요가 있다.

상황과 나이에 맞는 스마트폰 사용법

아이의 나이나 성격에 따라 스마트폰을 접근하는 방법이 다르다. 상황과 나이에 맞는 스마트폰 사용법과 절제할 수 있는 방법에 대해 알아보자.

아직 스마트폰을 모르는 영아기 아이라면?

아직 어린아이에게 스마트폰으로 동영상을 보여 주거나 마치 장난감처럼 가지고 놀게 하는 경우가 있는데 절대로 해서는 안 되는 일이다. 아직 아이가 어릴 때에는 스마트폰의 힘을 빌리지 말아야 한다. 어렸을 때부터 미디어에 많이 접촉시키는 것은 절대 좋지 않다. 아이에게 스마트폰은 늦게 접하게 할수록 좋다. 일찍 아이에게 스마트폰을 접하게 해서 스마트폰과 아이의 연결고리가 단단할수록 아이와 부모의 연결고리는 약해질 수밖에 없다는 것을 잊지 말아야 한다.

아직 스마트폰을 모르는 유아기 아이라면?

스마트폰 노출을 최대한 줄이는 노력을 해야 한다. 여기에 덧붙여 '스마트폰=휴대전화'라는 인식을 갖게 한다. 휴대폰 안에는 많은 기능이 있는 탓에 스마트폰을 장난감으로 여기는 경우가 많은데 "스마트폰은 전화를 하기 위해 쓰는 것이지 가지고 노는 것이 아니야."라고 이야기를 해 주는 것이 바람직하다. 뿐만 아니라 부모가 아이 앞에서 자주 스마트폰을 사용하는 모습을 보여 주는 것은 지양해야 한다. 아이는 부모를 보고 배우므로 부모가 솔선수범해야 한다. 스마트폰을 쓰고 싶더라도 부모가 참아야 한다.

이미 스마트폰을 사용하는 유아기 아이라면?

스마트폰 응용 프로그램인 애플리케이션 중에는 스마트폰 사용 시간을 제한하는 애플리케이션이나 유해한 정보를 차단하는 애플리케이션 등이 있다. 이를 사용하여 아이의 스마트폰 사용을 조절할 필요가 있다. 또한 아이가 사용할 수 있는 애플리케이션, 사용 시간을 아이와 상의해서 스마트폰 사용 규칙을 만든다. 가족 내에서 사용 규칙을 만들어 스마트폰을 사용하는 시간과 장소를 정하는 방법도 있다. 이러한 규칙을 잘 지키면 칭찬을 해 줘서 아이가 스스로 절제할 수 있는 능력을 기르도록 해 주는 것이 좋다.

그리고 스마트폰 대신 부모가 함께할 수 있는 놀이나 활동을 하는 것이 바람직하다. 같이 책을 읽거나 야외 활동을 하는 등으로 아이의 관심사를 돌려서 즐거운 시간을 가지면 아이는 '아, 스마트폰보다 엄마 아빠랑 노는 게 더 즐겁구나.'라고 생각해서 자연스럽게 스마트폰 사용을 줄일 것이다.

이미 스마트폰을 사용하는 아동기 아이라면?

스마트폰은 잘 사용해야 하는 기기인 만큼 스마트폰을 사 주기 전에 규칙을 정해야 한다. 예를 들어 '전화하는 것 등을 포함해서 스마트폰은 하루에 30분 쓰겠다.'처럼 규칙을 정한다. 그리고 규칙을 잘 지키지 않는다면 '하루 정도 스마트폰 사용 금지'와 같은 약속도 해 두는 게 좋다.

또한 부모도 집에서 솔선수범하는 모습을 보여 준다. "아빠도 스마트폰 사용 시간을 줄이겠다."처럼 노력하는 모습을 보여 주고 실제로도 노력해야 한다. 아이에게는 무조건 약속을 지키라고 하고 부모는 스마트폰을 마구 쓴다면 아이는 실망감을 가질 수 있다.

그리고 아이와 솔직히 마음을 터놓고 이야기하는 시간을 가져 아이의 마음과 소통하려는 노력을 할 필요가 있다. 아이가 스마트폰에 빠지는 이유가 무엇인지 대화를 나누고 함께 조절하도록 노력하는 것이다. 만약 스마트폰 사용이 지나쳐서 부모의 입장에서 심각하게 고민이 된다면 전문의를 찾아가 상담을 받는 것이 좋다. 중립적으로 아이에게 조언을 해 주는 전문의를 만나는 것이 필요하다.

아이를 키울 때는 소통과 끈기가 무엇보다 중요하다. 대부분의 아이는 한 번 이야기를 한다고 금방 좋아지지 않는다. 노력하고 인내심을 가지고 끈기 있게 아이에게 시간을 들여야 한다. 그러면 아이는 스마트폰을 적절히 사용하며 다른 활동도 하고 가족의 이야기에도 귀를 기울일 수 있을 것이다.

Q. 요즘 아이들은 대부분 스마트폰을 가지고 있더라고요. 그래서 스마트
폰이 없으면 왕따를 당할 수도 있다고 하는데 아이에게 마련해 주지 않
아도 될까요?

A. 아이들이 스마트폰을 정말 많이 사용하고 있습니다. 우선 결론부터 이야기하자면 스마
트폰이 없다고 꼭 왕따가 되는 것은 아닙니다. 인간은 사회적 존재이고, 사회적 관계라는
것은 얼굴을 보고 조율을 하는 과정이 필요합니다. 그 때문에 스마트폰으로 게임을 하는
일이 많으면 오히려 사회적 관계를 제대로 쌓지 못하는 일이 생겨 왕따가 아닌 다른 문제
가 생길 가능성이 커집니다.

특히 스마트폰은 뇌의 발달과도 중요한 관련이 있는데, 연구에 따르면 주당 20시간 이
상 미디어에 몰두하는 아이들의 뇌는 코카인을 하는 사람의 뇌와 같아진다고 합니다. 중독
에 빠진 상태와 같다는 의미이지요. 따라서 과도한 스마트폰 사용은 절대 좋지 않습니다.
대인 관계, 뇌의 발달, 식습관 등에도 문제가 생길 수 있습니다.

03
정신을 빼놓고
다니는 아이들

"쯧쯧쯧!"

아이가 뭔가를 하는 모습을 보다가 부모가 저도 모르게 혀를 찬다.

"정신 좀 차려!"

집중하지 않아 어디엔가 정신을 빼놓은 것처럼 보이는 아이를 보면 부모는 버럭 소리를 지른다. 정신을 빼놓고 다니다가 혹시 싫은 소리를 듣지는 않을지 걱정이 되기 때문이다.

주의력이 부족한 우리 아이, 혹시 ADHD?

"이 컵은 유리라 위험해. 조심해야 해."

말이 끝나기 무섭게 아이가 컵을 떨어뜨려 '쨍그랑' 하고 깨어 버린다.

"여긴 미끄러우니까 뛰지 말고 걸어."

아이는 당부가 무색하게 뛰어오다가 '철퍼덕' 하고 넘어진다.

"엄마가 몇 번 얘기했지. 화장실 불은 꺼야지."

몇 번을 이야기해도 아이는 사소한 실수를 반복한다.

이렇게 실수가 잦고 깜빡깜빡 하는 아이를 보면 부모는 '아이가 혹시 ADHD는 아닐까?' 하고 걱정을 한다. ADHD(Attention Deficit Hyperactivity Disorder)란 주의력 결핍 과잉행동장애를 뜻하는 용어이다.

2015년 서울시와 서울대병원이 시행한 국내 역학 조사 결과 ADHD 유병률이 6~8%로 나타났다. 이 수치는 소아정신과 관련 질환 중 높은 편에 속한다. 뿐만 아니라 이렇게 어린아이에게 나타난 ADHD가 청소년기와 성인기까지 지속되는 경우도 30~70% 정도로 나타난다. 그래서 엄마들은 '혹시 우리 아이가?' 하는 염려를 하는 것이다.

그렇다면 어떨 때 ADHD를 걱정해야 할까? 주의력이 부족할 때 나타나는 증상을 살펴보면 다음과 같다.

- "깜빡했다!" 일상적인 활동을 잘 잊어버리고 물건들을 잃어버린다.
- "아야, 또 넘어졌네?" 세부적인 면에 주의를 기울이지 못하고 조심성 없는 실수를 저지른다.
- "헤~↘! 예?" 다른 사람이 말을 할 때 경청하지 않는 것으로 보인다.
- "어, 뭐라고요?" 주의집중을 하지 못하고 외부의 자극에 의해 쉽게 산만해진다.
- "힝, 그만 할래요. 안 할래요!" 지속적인 노력을 요구하는 과제에 참여하는 것을 싫어하고 저항하려 한다.

충동적인 우리 아이, 혹시 ADHD?

자주 깜빡깜빡 하는 아이 때문에 걱정하는 경우를 주위에서 쉽게 찾아볼 수 있다. 자기 물건을 쉽게 잃어버리고 다니고 약속한 것도 자꾸 까먹는 통에 '아이가 너무 덜렁거리는 것이 아닌가?' 하는 생각에서부터 '아이가 지나치게 부주의한 것 아닌가?' 하는 걱정을 하는 부모가 많다.

한편 충동성이 과해 과잉행동을 하는 아이 때문에 속을 썩이는 부모도 많다. 대수롭지 않은 일에도 과하게 행동하고, 떠오르는 것을 입 밖으로 다 내뱉고, 지나치게 이야기하는 것을 좋아해 아무나 붙들고 수다를 떠는 등 과잉행동을 하는 아이들이 있다.

물론 아이들에게 호기심이 있는 것은 좋은 일이다. 하지만 보이는 족족, 들리는 족족 그것과 관련돼서 떠오르는 생각을 내뱉는 것은 문제이다. 예를 들어 유치원에서 수업 시간에 선생님이 "자, 오늘 하늘의 무지개가 떴어요. 이 무지개가 어떻게 생기는 것인지 알아볼 거예요."라고 말씀하시는데 혼자 "무지개는 레인보!"라고 말을 하는 것은 바람직하지 않다.

이런 아이들의 공통점을 보면 충동성이 강해 생각보다 행동이 앞선다. 이렇게 주의력이 약하고 충동성이 강한 아이들에게는 "잠깐 기다렸다 이야기해."라고 말해 줄 필요가 있다. 이런 아이들은 학교에 가면 처음에는 '적극적인 아이'로 보이지만 시간이 지나면 '수업을 방해하는 아이'로 보이기 때문에 그 전에 조절하는 법을 가르쳐 줘야 한다.

주의력이 부족한 아이를 위한 솔루션

주의력이 부족하다, 부주의하다고 일컬어지는 아이를 보면 생각이 옆으로 새어 나가는 것을 알 수 있다. 수업 시간에 자리에 앉아 있어도 다른 생각을 한다. 이런 아이에게는 여러 가지 방법으로 자극을 주고 교육을 해야 한다.

하나, 일어나는 자리를 항상 뒤돌아보게 한다.

물건을 자꾸 깜빡하는 아이라면 두고 가는 물건이 없는지 일어나는 자리를 항상 뒤돌아보게 하는 습관을 갖게 한다.

둘, 메모를 하게 한다.

약속한 일이나 오늘 해야 할 일 등을 적게 하는데, 손등에 볼펜으로 적어 반드시 보게 하는 방법도 좋다.

셋, 리마인드(remind)를 시킨다.

반복되는 것을 시각적으로 적어 둠으로써 기억나게 하는 방법이다. 화장실에 '물 내릴 것', 콘센트 옆에 '불끄기' 등을 써 두는 것과 같다.

넷, 우선 순서를 이야기해 준다.

무엇이 더 중요한지 몰라 주의력이 분산될 수 있으므로 '다른 사람과 이야기할 때는 그 사람에게 집중해야 해.'처럼 우선 순서를 이야기해 준다.

다섯, 끊임없이 교육시켜야 한다.

잔소리를 하기보다 아이가 스스로 답을 할 수 있도록 "어떻게 하면 어떨까?", "이렇게 한 번 해 볼까?"와 같이 이끌어 준다.

여섯, 동기를 만들어 준다.

주의력이 부족해 물건을 잘 잃어버리는 아이라면 같이 물건을 찾는 과정을 겪으면서 물건을 잃어버리지 않을 수 있는 동기를 만들어 준다.

그 밖에도 주의력이 부족한 아이에게는 가정에서 작은 생활 습관부터 같이 살펴보는 게 좋다. 아이가 집에서 하룻동안 시간 계획을 세울 수 있도록 유도하고 규칙을 정해 그 규칙을 지켰을 때와 어겼을 때 생길 수 있는 일에 대해 자세히 설명해 주는 것도 좋은 방법이다. 주의력은 만 2~3세까지도 계속해서 키울 수 있으므로 늦었다고 생각하지 말고 계속 노력해야 한다. '아이들이 다 그렇지!'라고 생각하는 것은 위험하다.

주의력 부족이 오히려 무기가 된 인물

세계적 인쇄 편의점 킨코스(Kink's)의 창업자인 폴 오팔래(Paul Orfalea)는 집중력이 약하고 주의력이 부족했다. 그래서 늘 수업 시간에 친구의 노트 필기를 베껴 써야 했다. 다행히 그는 이런 경험을 통해 인쇄와 관련된 업적을 이루었고 세계적인 인쇄 전문 업체를 만들었다.

충동적인 아이를 위한 솔루션

과잉행동을 하고 충동적인 모습을 보이는 아이라면 충동성을 조절할 수 있는 방법을 가르쳐야 한다. 그러기 위해 부모는 아이에게 긍정적인 언어로 원하는 것을 말해야 한다. 이때 부모가 원하는 것만 말하는 것이 아니라 아이의 이야기도 들어 주는 것이 바람직하다.

부모가 원하는 것이 있다면 아이의 눈을 똑바로 보고 명확하게 말해야 한다. '말했으니까 알겠지.' 하고 넘어가는 것보다 다시 아이에게 들은 내용을 말하도록 하여 바로 이해했는지 확인하는 게 좋다.

충동을 조절하는 방법을 가르칠 때는 '더 중요한 것이 무엇인지'를 가르치는 것이 중요하다. 상황 속에서 무엇이 더 중요하고 무엇이 덜 중요한지를 아이가 알 수 있도록 한다. "이곳은 공공장소니까 네가 말하고 싶은 게 있다고 해도 큰 소리로 이야기를 하는 것은 좋지 않아."라고 규칙을 알려 주는 것도 바람직하다.

말을 하고 싶어서 수다 충동을 누르지 못하는 아이라면 '수다 노트'를 만들도록 한다. 노트에 당장 하고 싶은 말을 적게 한 다음 아이의 이야기를 진지하게 들어 주면 아이는 당장 머릿속의 생각을 입 밖으로 토해 내는 데 급급해하지 않고 한 번 더 생각하고, 한 번 더 적으면서 마음을 가다듬을 수 있다.

그 밖에도 말을 하거나 행동을 하기 전에 '숨을 한 번 크게 쉬기', '숫자를 3까지 세기' 등을 연습하게 하는 것도 충동성을 누르는 좋은 방법이다. 충동성을 누르고 다른 사람과 소통하는 법을 가르쳐 준다면 아이도 자신의 마음만 이야기하지 않고 다른 사람의 마음을 들여다보는 여유를 가질 수 있을 것이다. 아이가 주의력이 부족하고 충동적이어서 속이 상한다고 해도 무조건 혼내기보다는 아이의 이야기를 듣고 이해해 줄 때 진정한 소통이 가능하다는 것을 잊지 말아야 한다.

Q. 정신을 빼놓고 다니는 것처럼 보이고 깜빡깜빡하는 아이가 걱정인데 아직 어려서 그런 건 아닐까요? 좀 더 크면 좋아지지 않을까요?

A. 맞습니다. 어려서 그럴 수 있습니다. 하지만 만 6세가 되면 또래와 비슷한 정도의 주의력은 있어야 합니다. 학교에 들어가기 전에는 또래 집단에서 무리 없이 생활할 수 있게 발달이 되어야 한다는 말이지요. 그런데 만약 아이가 또래와 편차가 심하다면 그건 주의해서 살펴봐야 합니다. '크면 점점 좋아지겠지.'라고 생각해도 이 시기에 생긴 편차가 줄어들지 않을 수 있기 때문입니다.

정신을 빼놓고 다니는 것처럼 보이는 것은 주의력과 관련이 있습니다. 지능이 좋아도 주의력은 떨어질 수 있습니다. 그런데 주의력은 인간이 가지고 있어야 할 중요한 기능 중 하나로 자칫 소홀해지면 커서도 문제가 될 수 있습니다.

부모가 긍정적으로 아이를 바라보는 것은 좋지만, 지나치게 낙관적으로 보는 것은 좋지 않습니다. 아이가 주의력이 부족하다고 느껴진다면 대수롭지 않게 여기지 말고 주의 깊게 관찰하고 좋아질 수 있도록 노력해야 합니다. 주의력 부족의 문제는 신중하게 생각해야 합니다.

04
못 말리는
우리 집 울보

"그만 좀 울어!"

별일 아닌데도 금세 울음을 터뜨리고, 야단을 칠 때 목소리를 조금만 크게 해도 눈물을 쏟는 아이를 보면 안타깝다. 그런 아이와 하루 종일 함께 있는 부모라면 힘이 빠진다. 사소한 일에 '으앙~' 하고 울기 시작하는 바람에 다른 사람들 보기도 부끄럽고 아무리 달래도 소용이 없어서 힘이 빠지기도 한다.

툭하면 우는 아이

아기는 태어날 때 '앙' 하고 울면서 세상에 나온다. 인간의 처음을 함께하는 울음은 인간에게 가장 본능적인 것이다. 인간은 다른 사람과 소통을 하면서 사는데,

말로 하는 언어적 의사소통은 물론 몸짓, 표정 등과 같은 비언어적 의사소통을 함께한다. 울음은 비언어적 의사소통 중 하나로 어렸을 때는 특히 이 방법을 많이 사용한다. 배가 고파도 '앙', 기저귀가 젖어도 '앙', 몸이 아파도 '앙', 심심해도 '앙' 울면서 자신을 표현하고 다른 사람에게 자신의 뜻을 전달하는 것이다.

그런데 말로 자신의 감정을 표현할 수 있는 나이가 지났는데도 울음으로 의사소통을 한다면 왜 그런지 궁금하게 여기고 이유를 살펴봐야 한다. 아이가 충분히 말로 자기 생각이나 불만을 이야기할 수 있는데 울음이 먼저 나온다면 그 이유를 알아보고 적절한 조치를 취해야 한다.

아이가 울고 있으면 남 보기 창피해서 부모들은 대개 고치려고 야단을 치거나 어르고 달랜다. 무서운 표정으로 "뚝!"이라고 외치기도 하고 "너 자꾸 그러면 경찰 아저씨가 잡아간대!"라고 겁을 주기도 하고, "너 우는 것 때문에 창피해서 못 살겠다!"라고 화를 내기도 한다. 툭 하면 우는 아이가 힘들기도 하고 이해가 안 되기 때문이다.

누구나 울 수 있다

4살 즈음이 되면 자기 생각이나 감정을 말로 표현할 수 있다. 하지만 아직까지 울음은 아이의 감정을 표현하는 중요한 수단이다. 아이의 울음은 부모의 관심을 끄는 아주 효과적인 방법이기 때문이다. 뿐만 아니라 '우는 아이 젖 준다.'는 속담처럼 울었을 경우 무엇인가를 보상받을 확률이 높기에 아이들은 울음으로 자신의 마음을 드러낸다. 더워도 울고, 다리가 아파도 울고, 배가 고파도 울고, 잠이 와도 운다.

이런 울음은 어린아이에게만 국한된 것은 아니다. 어른도 누구나 울 수 있다. 웃음과 마찬가지로 울음은 인간의 기본적인 본능이기 때문이다. 몸이 아파 울기도 하고, 슬픈 영화를 봤을 때 눈물을 흘리기도 하고, 가슴 아픈 이별을 했을 때 울음을 토해 내기도 하는 것처럼 어른도 울 수 있고, 남녀노소 상관없이 누구나 눈물을 흘릴 수 있다.

그렇다면 사람은 언제 울음을 터뜨릴까? 너무 좋아서 기쁨의 눈물을 흘릴 때도 있지만 많은 순간 스트레스 때문에 울음이 나온다. 인간이 심리적·신체적으로 감당하기 어려운 상황에 처했을 때 느끼는 불안과 위협의 감정인 스트레스는 삶에서 자연스러운 것이다. 스트레스는 받을 수밖에 없다.

그런데 스트레스를 받았을 때 이러한 감정을 어떻게 처리하고 해결하는지가 매우 중요하다. 예를 들어 어떤 사람은 다른 사람과 대화를 하면서 스트레스를 풀고, 어떤 사람은 글을 쓰거나 음식을 먹는 방식으로 스트레스를 푼다. 울음으로 스트레스를 푸는 사람도 있다. 따라서 스트레스를 풀어야 할 때 "울지 마!"라고 하면 "스트레스 풀지 마!"라고 말하는 것과 같다.

하지만 장기적으로 볼 때 울음으로 스트레스를 푸는 것은 바람직하지 않다. 울 수 없는 상황도 있고, 울 수 없는 장소도 있기 때문에 다른 방법을 찾을 필요가 있다. 자신을 표현할 수 있는, 스트레스를 풀 수 있는 다양한 방법을 가지고 있다는 것은 아이에게 큰 도움이 된다. 문제를 해결할 수 있는 여러 방법을 아는 것과 같기 때문이다.

아무 때나 울지 않게 감정 조절 능력을 키우자

5세 아이들을 대상으로 다음과 같은 실험을 하였다.

① 아이에게 퍼즐 게임으로 실패할 수밖에 없는 상황을 주고 이를 해결하는 방법을 보았다.
② 아이에게 마음에 들지 않는 선물을 준 다음, 선물을 준 사람의 마음을 헤아릴 수 있는지 알아보았다.
③ 아이가 엄마와 함께 나무 조각을 쌓아올리는 젠가 게임을 하다가 돌발 상황을 만들어 젠가가 무너지게 하였다.

이 3가지 실험에서 살펴본 것은 아이들의 '감정 조절 능력'이었다. 감정 조절 능력이란 감정을 잘 조절하는 능력으로, 자신의 감정을 무조건 참거나 과잉 분출하는 것이 아니라, 자신의 감정을 잘 인식하고 부정적이든 긍정적이든 간에 그것을 다른 사람들이 수용할 방법으로 표현하는 능력을 말한다. 이 능력이 부족하면 타인과 원만한 관계를 맺기 힘들고 새로운 것을 학습하는 데 어려움을 겪게 된다.

위의 3가지 실험을 통해 아이들은 '퍼즐 게임이 실패한 상황', '마음에 들지 않는 선물을 받은 상황', '젠가가 무너진 상황'이라는 스트레스를 받게 되었다. 이러한 상황에서 아이들의 반응은 다양했다. 우는 아이도 있었고, 참는 아이도 있었고, 화를 내는 아이도 있었고, 상황을 받아들이고 대화를 하는 아이도 있었다. 감정 조절을 할 때 유연하게 표현하는 아이들의 경우는 세 번째 실험인 젠가 실험에서 아이의 엄마 역시 그런 태도를 보이는 공통점이 있었다. 감정 조절 능력이 뛰어난 아이들에게는 그런 엄마들이 있었던 것이다.

사실 아이가 스트레스에 어떻게 대처해야 할지 처음으로 관찰하게 되는 대상은 부모이다. 부모는 일상생활에서 스트레스에 대처하고 감정을 조절하는 모습을 아이에게 보여 주게 되는데, 아이들은 그것을 스트레스 대처법이라 생각하고 본보기로 삼는다.

더구나 자식은 부모의 유전인자를 물려받는다. 부모가 자신의 감정을 잘 다룰 수 있어야 아이도 감정을 잘 다룰 수 있으며, 부모가 어느 정도 안정적인 마음의 여유가 있어야 아이의 감정을 돌볼 여유도 있는 것이다.

감정을 잘 표현하는 방법

화가 날 때 눈물을 잘 참는다고 감정 조절을 잘하는 것은 아니다. 자신의 현재 감정을 인식하고 적절하게 표현하는 능력이, 나아가 불편한 감정을 원래 상태로 돌려놓을 수 있는 능력이 감정 조절 능력이다. 때문에 감정 조절을 잘하는 사람은 회복력이 좋아서 스트레스에 잘 대처할 수 있다. 미국의 심리학자 리사 펠드먼 바렛(Lisa Feldman Barrett)에 따르면 구체적으로 자신의 감정을 표현하는 사람이 정신적으로 더 건강하다고 한다.

감정 조절을 잘하는 사람은 감정을 잘 표현하는 사람이다. 감정을 잘 표현하려면 아이와 함께 '감정의 대화'를 하는 게 좋다. "오늘 놀러 가기로 했는데 비가 와서 못 가게 되었구나. 많이 속상하지?", "네.", "엄마도 그래. 엄마도 오늘 즐겁게 놀려고 했는데 말이야.", "저도요. 너무 짜증 나요.", "그렇구나. 짜증이 나는구나."와 같이 아이의 감정을 읽어 주고 부모의 감정을 이야기하는 대화를 나누면 아이가 자연스럽게 자신의 감정을 잘 표현할 수 있다.

심리학적으로 '눈물'은 가장 미숙한 방어 기제이다. 스스로를 보호하고 싶은데 방법이 없어서 우는 것이기 때문이다. 따라서 아이가 운다고 해서 우선 아이의 눈물부터 그치게 하려고 애쓰지 말아야 한다. 아이가 눈물로 호소를 하더라도 "뚝 그쳐!"라고 하기보다는 아이와 마주 앉아 아이가 스스로 눈물을 그칠 때까지 시간을 주거나, 옆에 앉혀 놓고 편안하게 왜 우는지에 대해 이야기할 수 있도록 기회를 주는 것이 좋다.

또한 무슨 일이 있을 때마다 우는 것을 줄이려면 '감정 주머니'를 키우는 것이 바람직하다. 누구에게나 '감정 주머니'라는 것이 있는데, 어떤 감정이 생기면 거기에 넣어 뒀다가 적당한 시기에 꺼내 놓는 심리적 공간에 해당한다. 이러한 감정 주머니는 사람마다 크기가 달라서 같은 상황에서도 표현되는 감정의 양이 다르다. 만약 아이의 감정 주머니가 작아서 자꾸만 감정이 넘치는 상태라면, 그래서 자꾸 우는 거라면 감정 주머니를 키울 필요가 있다. 연령에 따라 감정 주머니를 점점 키워 주는 것은 중요하다.

감정 주머니를 키우는 방법

1. 불안한 마음이 들면 감정 주머니를 키울 수 없다. 때문에 안전한 감정을 들게 해 주어야 한다. 아이의 감정을 수긍하고 인정해 주어야 한다.
2. '감정적 인내심'이 부족할 때에도 울음이 터질 수 있다. 아이가 진정할 때까지 인내심을 갖고 기다려야 한다. 아이의 감정에 부모가 더 감정적으로 대처하면 안 된다.

아이의 울음과 눈물은 자연스러운 것이다. 하지만 이러한 방법만으로 감정을 표현하는 것은 바람직하지 않다. 스트레스를 받을 때마다, 문제가 생길 때마다 울음을 보이는 것은 아직 아이가 어릴 때에는 큰 문제가 없지만 아이가 자라면서는 분명히 문제가 될 수 있다.

부모는 아이의 눈물에 초점을 맞추기보다는 '왜 울고 있는지' 귀를 기울여 주고 아이의 욕구 불만을 해소해 줄 수 있어야 한다. 그렇게 함으로써 아이는 '아, 우리 엄마는 내 마음을 알아주는구나.' 하고 느낄 수 있고, 안정된 상태에서 자신의 감정을 드러낼 수 있게 된다.

이런 경험이 쌓이면 아이는 무조건 눈물로 상황을 해결하려는 행동을 하지 않게 된다. 울음이나 눈물보다 대화가 자신의 마음을 더 효과적으로 표현할 수 있음을 경험을 통해 알게 되었기 때문이다. 스트레스를 받는 상황에서 아이는 부모에게, 그리고 다른 사람에게 자신이 받고 있는 스트레스나 감정을 자연스럽게 이야기할 수 있게 될 것이다.

Q. 시도 때도 없이 우는 아이 때문에 속상해 죽겠어요. 아이가 좀 울지 않으면 좋겠어요. 좋은 방법 없을까요?

A. 아이가 울지 않으면 편하고 좋지요. 특히 잘 울지도 않고 순한 다른 아이를 보면 '아, 우리 애는 왜 이렇게 우는 걸까?' 하는 마음이 들기도 합니다. 하지만 우는 것은 자연스러운 것입니다. 오히려 울지 않게 하는 것은 마음을 억압하는 것일 수 있습니다.

그러나 아이가 계속 우는 것으로만 자기 생각을 표현하는 것은 바람직하지 않습니다. 아이들이 자신의 생각을 말로 표현할 수 있도록 부모가 도와줘야 합니다. 처음에는 엄마가 아이의 마음을 대변해 줍니다. 아이가 자신의 마음을 말로 표현하는 방법을 몰라 울음으로 드러내는 것일 수도 있으니 엄마가 대신 아이의 마음을 읽어 주고 소통해 주는 것이 바람직합니다.

[상황 1]
친구들이 함께 모여 놀고 있는 상황에서 아이가 끼지 못하고 머뭇거리다가 울음을 쏟는다면 아이가 울기 전에 아이의 손을 잡고 물어보세요.

"친구가 안 놀아 줘서 속상했구나."

"네."

"그럼 조금만 기다려 볼래? 친구들이 같이 놀자고 할 거야. 아니면 네가 먼저 가서 놀자고 해 볼까?"

"말 걸어 볼래요."

"그래. 그럼 씩씩하게 놀자고 해 봐! 파이팅!"

[상황 2]

더운 여름에 놀이터에서 잘 놀던 아이가 인상을 찡그리고 힘들어하는 게 보인다면 아이가 울기 전에 다정하게 아이의 마음을 읽어 보세요.

"우리 딸, 더워서 짜증이 났구나?"

"네. 너무 더워요."

"그럼 엄마랑 시원한 물 마시면서 조금 쉴까?"

"네. 좋아요."

05
시간 속에 갇힌
아이들

"서둘러. 이러다 늦겠다!"

엄마는 시계를 보면서 초조한데 아이는 느긋하면 엄마는 그 모습에 더 화가 솟구친다.

"넌 왜 이렇게 시간 개념이 없니? 이러니 맨날 지각이지!"

아이에게 화도 내 보지만 다음 날에도 마찬가지로 아이는 느긋하고 느릿느릿하기만 해 엄마의 속을 바짝바짝 태운다.

시간 개념이 없어 속이 터지는 아이

어린이집에 가려면 늘 아침마다 전쟁을 치르는 집이 많다. 자는 아이를 몇 번에 걸쳐 깨워서 먹이고 씻기고 옷 입히고……. 아이가 조금만 서둘러 주면 엄마가 좀 수월할 텐데 아이는 자기 일이 아니라는 듯이 천하태평인 탓에 엄마만 발을 동동 구르기 일쑤이다. 그러다 보니 어린이집에 지각하는 것은 다반사이다. 어린이집에 다녀와서도 마찬가지이다. 이렇게 하루 종일 늑장 부리다 보면 하는 일 없이 하루가 후딱 가 버리는 날들이 태반이다.

이런 아이 때문에 답답해하면 주위에서 다양한 조언을 해 준다. 조언에 따라 알람시계를 사용하기도 하고, 아이와 시간 약속을 정하기도 해 봤지만 아쉽게도 별 소용이 없다. 그 바람에 '나는 안 그런데 왜 얘는 이러지?' 하는 생각만 깊어지고 시간 개념이 없는 아이가 답답해질 뿐이다.

그런데 이렇게 시간 개념이 없는 아이들에게 재촉하거나 야단을 치는 것은 오히려 역효과가 난다. 이 아이들의 세상은 느리게 돌아가기 때문에 서두르는 엄마가 이해가 안 된다. 아이는 돌아가는 세상이 느리기에 행동도 느릴 뿐이다.

'어휴, 저렇게 시간 개념이 없어서 어떻게 살려고 해.'라고 한숨 쉴 필요도 없다. 2008년 『타임』지에서 선정한, 세계에서 가장 영향력 있는 인물(100명 지도자 및 혁명가 분야)이며, 2008년 노벨상을 수상한 러시아 푸틴 대통령의 경우도 시간 개념이 부족한 인물로 잘 알려져 있다. 푸틴 대통령은 프란치스코 교황을 만나는 자리에도 50분이나 지각하고, 우크라이나 대통령 회담 때는 4시간이나 지각한 일화가 있을 정도이다.

어렸을 때 시간 개념은 커서도 그대로 간다

시간 개념이 너무 없어서 느릿느릿한 아이도 엄마 속을 태우지만, 반대로 시간에 지나치게 매여 엄마 속을 상하게 하는 아이도 있다. 이런 아이들은 대개 시간 약속에 지나치게 얽매이거나 자신이 정한 시간에 지나치게 사로잡혀 있다. 그래서 '늦으면 어떻게 하지?' 하는 생각 때문에 시간을 칼같이 지켜야 하고, 그것을 어기는 것을 극도로 힘들어한다. "엄마, 이러다 늦겠어. 빨리 빨리 좀 해! 엄마는 왜 맨날 늦어!"라는 말을 입에 달고 다닌다. 시간을 지키지 못하면 불안하고, 초조하고, 짜증스럽고, 예민해지기 때문이다. 그러다 보면 자기는 물론 남까지 힘들게 만든다.

물론 시간 약속을 잘 지키는 것은 좋은 일이다. 하지만 어떤 일이든 지나친 것은 부족함만 못하다. 그래서 시간 개념이 지나치게 예민해 시간에 쫓기는 경우를 가리켜 '타임푸어'라 부른다. 무엇이든 지나치면 힘이 들 수밖에 없다. 이렇게 시간 개념이 지나치게 없어서도, 시간 개념이 지나치게 예민해서도 문제가 될 수 있다는 것을 기억해야 한다. 때문에 적당하고 일반적인 시간 개념을 아이에게 가르치는 게 부모로서는 아주 중요하다.

타임푸어(Time Poor)

'시간 빈곤'을 가리키는 신조어로서 시간에 허덕이고 강박에 걸린 사람을 일컫는다. 2016년 취업포털 잡코리아가 운영하는 아르바이트포털 알바몬이 현재 아르바이트를 하고 있는 알바생 673명을 대상으로 조사한 결과, 10명 중 4명(40.1%)은 스스로가 항상 시간이 부족해서 시간에 쫓겨 사는 '타임푸어족'이라고 응답했다.

실제로 요즘은 '시간치'라는 말이 빈번하게 사용된다. 음감이 무딘 사람을 '음치'라고 하듯 시간 감각이 무딘 사람을 가리키는 말이다. 이런 사람들에게 "자, 지금 이 노래는 몇 분짜리 노래일까요?" 하고 노래를 들려주거나 "이 소리는 얼마나 지속되었을까요?" 하고 질문을 한다면 틀리기 일쑤이다. 머릿속에 시간의 흐름을 짐작하고 조절하는 부분이 제대로 작동하지 않기 때문이다.

음치인 아이가 나이를 먹는다고 저절로 노래를 잘하게 되지 않는 것처럼 시간치도 나이가 든다고 좋아지는 것은 아니다. 시간에 대한 개념은 저절로 좋아지는 것이 아니기에 아이가 자란다고 해서 크게 변하지 않는다. 이렇게 어렸을 때의 시간 개념이 어른이 된다고 해서 나아지는 것이 아니기 때문에 아이의 시간 개념에 대한 교육은 반드시 필요하다.

어렸을 때 시간 개념을 제대로 잡아 주지 않으면 성인이 되어서도 크고 작은 문제가 발생할 수 있다. 친구들과 정한 약속 시간을 못 지키는 실수에서부터 시험 문제를 정해진 시간 안에 풀어야 할 때도 어려움이 있다. 심지어는 인생의 변곡점이 될 중요한 일에서 시간 때문에 곤란함을 겪게 될 수도 있다.

시간 개념이 너무 없는 아이를 위한 솔루션

하나, 아침에는 시간 개념을 가르치지 마라!

아침에는 아이들의 정신이 완전히 깨어 있지 않기 때문에 아침 시간에 시간 개념을 가르치는 것은 피하는 것이 좋다. 아침에는 싸우지 않고, 늦지 않게 유치원에 보내는 것만 목표로 삼아야 한다. "넌 몇 살인데 아직도 이러니.", "너는 맨날 왜 이러니.”라고 하면 서로 기분만 나빠진다. 여유가 있을 때, 아이가 받아들일 준비가 되어 있을 때 부드러운 목소리와 표정으로 자연스럽게 “아침에 몇 시에 집에서 나가면 좋을까?” 하고 같이 이야기해 보는 것이 바람직하다.

둘, 잔소리보다는 촉각을 자극하라!

청각적인 잔소리가 아닌 촉각을 자극하는 방법을 사용한다. 아침에 아이를 깨울 때도 마사지를 하거나 이불을 확 걷어서 촉각에 자극을 주는 것이 좋다. 물수건을 얼굴에 가져다대거나 손을 잡고 아이를 일으키는 방법도 여기에 해당된다. 아침에는 적극적으로 옷을 입혀 주고 밥을 떠먹여도 된다.

셋, 시간의 흐름을 직접 보여 줘라!

스마트폰이나 사진기 등으로 아이가 밥 먹는 모습, 세수하는 모습, 가방 챙기는 모습 등을 찍어서 직접 자신의 행동을 보게 하는 것도 효과적이다. 시간을 몸으로 느낄 수 있게 해 주기 때문에 ‘아, 내가 이렇게 느릿느릿 행동하는구나.’를 스스로 알 수 있다.

넷, 데드라인을 정하라!

“유치원에 가려면 집에서 8시 50분에는 나가야 해!”, “학원 버스를 타려면 집에서 3시에는 나가야 해!”처럼 아이가 해야 할 일에 완수 시간을 정해 주는 것이 좋다. 그래서 무조건 그 시간에는 집을 나서도록 연습을 시킨다. 그러다 보면 아이도 ‘아, 그 시간까지는 무조건 준비를 끝마쳐야겠구나.’ 하는 생각을 하게 된다.

다섯, 시간을 소중히 여기는 습관을 길러라!

어렸을 때부터 시간을 소중하게 여길 수 있도록 도와주어야 한다. "아들, 네가 유치원에 늦게 가면 선생님은 걱정하실 거야.", "네가 학원 버스를 늦게 타면 다른 친구들은 기다려야 해. 그러면 힘들지 않을까?"라고 이야기해 주며 시간 약속의 소중함을 이야기해 준다. 아이가 성장하면서 자신과의 약속, 타인과의 약속을 중요하게 여기고 잘 지켜 나갈 수 있는 바른 습관은 반드시 필요하기 때문이다.

시간 개념이 너무 예민한 아이를 위한 솔루션

하나, 아이가 시간을 지키려고 하는 것을 인정하라!

시간 개념이 너무 예민해서 1분 1초가 늦거나 어긋나는 것을 힘들어하는 아이에게는 아이의 마음을 그대로 이해하고 인정해 주는 것이 필요하다. 엄마 역시 아이와 한 시간 약속을 반드시 지켜야 한다. 아이가 어릴 때는 부모가 어느 정도 맞춰 주는 것이 아이의 자존감을 세우는 데 도움이 되기 때문이다.

둘, 아이의 재촉을 그냥 무시하지 마라!

"엄마, 빨리!"라고 아이가 재촉을 하는데도 제대로 듣지 않는다면 아이는 계속 서두르라고 잔소리를 하게 된다. 그리고 '우리 엄마는 내가 이야기하지 않으면 시간 약속을 안 지켜.'라고 생각한다. 부모까지 잔소리를 해야 할 사람으로 인식해서 부모에 대한 신뢰가 떨어질 수 있다.

셋, 함께 행동을 하며 필요한 시간을 측정해라!

어떤 일을 하는 데 필요한 시간을 알아본 다음, 아이와 적당한 시간을 합의하는 게 좋다. 예를 들어 유치원까지 같이 걸어가 보고 "유치원까지 오는 시간은 집에서 출발해 10분 걸리네. 그러니 집에서 O시 O분에 출발하면 되겠다."라고 정한 다음 부모도 반드시 아이와의 시간 약속을 지키도록 노력하는 게 중요하다. 그래야 '아, 우리 엄마는 믿을 수 있구나.'라고 생각해 신뢰를 구축할 수 있다.

넷, 아이에게 시간에 대한 유연성을 가르쳐라!

시간에 대해 너무 얽매이다 보면 아이가 시간을 지키지 못했을 때 대책을 찾지 못하고 정서적으로 충격을 받을 수 있다. 엄마와 함께 약속 시간에 늦었다면 평소에는 지하철을 타고 가지만 택시를 타서 시간을 줄이는 법을 보여 주거나, 전화를 해서 양해를 구하는 방법을 보여 준다. 이렇게 시간을 지키지 못했을 때 다른 해결 방법이 있다는 것을 경험을 통해 익히게 함으로써 시간에 대한 유연성을 가르칠 수 있다.

다섯, 시간에 대해 아이와 이야기하라!

아이가 가지고 있는 시간에 대한 개념과 엄마가 가지고 있는 시간에 대한 개념이 다르다면 충분히 이야기를 나눌 필요가 있다. "넌 엄마가 천천히 준비하면 어떤 기분이야?"라는 식으로 이야기를 해 본다. 그렇게 함으로써 서로를 이해하며 각자 가지고 있는 생각의 차이를 좁힐 수 있다.

시간의 주인으로 우뚝 서기

1시간은 60분이고, 하루는 24시간이고, 1년은 365일인 것은 모든 사람에게 동일하다. 하지만 어떤 사람은 시간에 질질 끌려 다니면서 살고, 어떤 사람은 시간을 제대로 활용하지 못하며 살고, 어떤 사람은 시간을 잘 쪼개서 많은 일을 하며 산다. 아직 어린아이들도 마찬가지이다. 시간 때문에 하루 종일 발을 동동 구르는 아이도 있고, 시간 개념이 없어 한없이 느긋한 아이도 있다.

하지만 이는 모두 바람직하지 않다. 시간 속에 갇혀 있으면 제대로 시간을 이용할 수 없다. 우선 부모가 먼저 마음의 여유를 갖고 시간을 잘 활용하는 모습을 보여 주는 것이 필요하다. 시간이 없을 때에는 없는 대로 좋은 방법을 생각해 내기도 하고, 시간 여유가 있을 때는 즐겁게 쉬는 모습을 보여 주면 된다. 그러면 아이는 '아, 저렇게 하면 되는구나.' 하고 배우게 된다.

시간이란 유한하고 모두에게 동일하지만 쓰는 사람은 제각각이다. 때문에 그 시간에 갇혀 있지도 끌려 다니지도 않아야 제대로 시간을 쓸 수 있다. 시간의 주인으로 우뚝 서는 법을 아이들에게 가르쳐야 한다.

Q. 아이가 시간 개념이 너무 없어서 걱정이에요. 매번 잔소리할 수도 없고, 시계와 시간 개념을 가르쳐 줄 수 있는 좋은 방법이 없을까요?

A.

① 자연스럽게 관심을 유도해 보세요. 시계 보기는 그림책 보는 것만큼 아이에게 재미있지 않을 수 있습니다. 그래서 일상 속에서 자연스럽게 익히는 게 중요합니다. "일어나자. 벌써 8시야."처럼 일상적인 대화 속에 자연스럽게 시간을 넣으면서 시계에 관심을 갖도록 유도하면 좋습니다.

② 시간의 순서를 알려 주세요. 아이들은 "내일 아빠랑 할아버지 댁에 갔어요."와 같은 실수를 합니다. 이럴 때 상냥하게 가르쳐 주세요. '다음에', '그 전에'처럼 시간의 순서를 나타내는 말을 사용하는 방법을 알려 주면 도움이 됩니다.

③ 시계 보는 법을 가르쳐 주세요. 시계의 1에는 '5', 2에는 '10', 3에는 '15'를 붙이고, 짧고 뚱뚱한 시곗바늘은 시간을, 길고 날씬한 시곗바늘은 분을 가리킨다고 알려 줍니다. 그러고 난 뒤에 짧은 바늘이 10을 지나고, 긴 바늘이 2를 가리키면 10시 10분이라고 알려 줍니다.

06
엉뚱한 버릇,
고쳐야 할까요?

"우리 애는 자기 손가락을 빠는 버릇이 있어요."

"어머, 그래요? 손가락이 다 트고 정말 아프겠네요. 우리 애는 밥투정을 하는 버릇이 있어요."

"그럼 너무 힘들겠네요. 밥 안 먹으면 정말 속상하잖아요!"

이런 엄마들의 대화에 '저희 애도 이상한 버릇이 있어 힘들어요.' 하고 말하며 조언을 듣고 싶지만 사실 선뜻 끼어들기가 힘들다. 우리 아이 버릇을 얘기했다가는 '뭐 그것 가지고 그러냐?'는 핀잔을 들을 것 같기 때문이다. 하지만 은근히 신경 쓰이는 아이의 엉뚱한 버릇, 고치는 게 맞는지 아닌지 몰라 고민이 된다.

사소하지만 못 말리는 버릇

"저희 아이에게는 못 말리는 버릇이 있어요."

"그게 뭔데요?"

"양말을 절대로 안 벗어요."

"네? 그게 뭐……."

자신의 발이 너무 못생긴 게 부끄러워서 양말을 벗지 않는 버릇을 가진 아이 때문에 힘들어한다고 해도 주위에 이야기하는 것은 쉽지 않다. 사소하고 엉뚱해 보이는 버릇이라 말하기가 좀 망설여지는 것이다. 하지만 의외로 자신의 신체를 부끄러워하는 아이가 많다.

미국 '야후 헬스' 청소년과 성인 1,993명을 대상으로 설문 조사를 한 결과, 자신의 몸을 부정적으로 생각하는 연령은 평균 13~14세인 것으로 조사되었다. 그리고 응답자의 60%가 다른 사람의 말 때문에 자신의 몸을 부끄럽게 생각하게 되었다고 한다.

이렇게 신체가 부끄러워서 생기는 버릇, 예를 들어 발이 못생겨서 양말을 신고 있는 버릇은 생활에 크게 문제가 되지 않는다면 신경 쓰지 않아도 된다. 양말을 신고 있음으로써 마음의 편안함을 가질 수 있기 때문에 양말을 신는 것이라면 이는 억지로 고쳐서 될 버릇이 아니기 때문이다.

남들은 이해하지 못할 수집 버릇

"저희 딸 방은 방이 아니라 창고예요."

"네?"

"모든 물건에 애정을 붙이고 절대 버리지 못해요."

"그래서요?"

"밖에서 이것저것 주워서 가지고 오는 통에 엉망진창이거든요. 이런 것도 버릇이라고 볼 수 있죠?"

낙엽, 플라스틱 통, 병뚜껑, 천 조각으로 가득 차 있고 정리해서 버리려고 하면 안 된다고 울고불고 난리를 친다면 '수집 버릇'이 있다고 볼 수 있다. 사실 수집이란 특정 물건을 모으는 걸 즐기고 노력하는 행위로 하나의 취미 활동에 해당한다. 그래서 우표를 수집하는 우표 수집, 돌을 수집하는 수석 수집 등은 하나의 취미 활동으로 인정받고 있다. 그런데 사람들이 보편적으로 중요하다고 생각하는 것을 소중히 여기고 수집하는 것은 괜찮지만 중요하다고 생각하지 않는 것까지 소중하다고 여기는 것은 좋지 않다. 이는 저장 강박으로 발전할 수 있기 때문이다.

아직 어린아이일 경우에는 중요한 물건, 가치 있는 물건을 잘 판단할 수 없다. 그렇기 때문에 버려진 병뚜껑을 주워 오기도 하고, 다 쓴 볼펜을 소중히 여기기도 하고, 구겨진 색종이를 집으로 가져오기도 한다. 물론 물건을 버리지 못하고 모았던 미술가 앤디 워홀(Andy Warhol)처럼 물건을 잘 모으는 게 열정적인 면을 키우기도 한다. 그러나 그렇게 가지고 오는 물건 때문에 생활이 힘들다면, 그걸 버리지 못해 마음이 불편하다면 그건 분명히 좋은 버릇이 아니다. 따라서 아이가 만약 이것저것 주워 오고, 아무것도 버리지 못하는 버릇이 있다면 지나친 것은 아닌지 잘 살펴봐야 한다.

수집 vs 저장 강박

취미나 연구를 위하여 여러 가지 물건이나 재료를 찾아 모으는 것을 '수집'이라고 한다. 수집하는 것은 다른 사람에게 보이기 위한 행위일 때가 있다. 자기가 어떤 것을 많이 가지고 있으면 다른 사람과의 관계에서 우위에 선 것으로 여기는 것이다.

하지만 쓰레기나 물건을 쌓아 놓는 것은 주위에 보이기 위한 것이 아니라 자신을 위한 것이다. 때문에 자신의 것이라고 생각되는 경우에 버리는 것을 두려워하면 저장 강박으로 발전할 수 있다. 목적 없이, 사용 여부 관계없이 어떤 물건이든 계속 저장하는 행위가 저장 강박이다. 어떤 물건이든 버리지 못하고 쌓아만 놓는 증상인 저장 강박은 세계 인구 2~5%에 해당한다고 한다.

엉뚱한 버릇에 대한 솔루션

양말을 벗지 못하는 버릇이건, 물건을 버리지 못하는 버릇이건 엉뚱한 버릇도 내 아이의 일부이다. 하지만 그 버릇 때문에 생활이 불편하다면 부모가 나서서 조금은 중재해 주고 조절해 줄 필요가 있다. 아직 아이가 어리다면 버릇이 고착화되지 않도록 지금부터 노력하면 된다.

촉각에 예민한 아이들은 벗는 것을 좋아하기도 하고, 반대로 입는 것을 좋아하기도 한다. 그래서 반팔을 죽어라 안 입기도 하고, 양말을 죽어라 안 벗기도 한다.

아이가 양말을 절대 안 벗어요.	아이가 물건을 절대 못 버려요.
↓	↓
발이 못생겼다고 생각해서 양말을 못 벗나요?	물건을 버리면 불안해하나요?

1. 운동선수의 발, 발레리나의 발 사진을 보여주면서 '이렇게 훌륭한 발도 있다.'고 이야기해 준다.

1. 아이가 받아들일 수 있는 한계를 설정해서 '밖에 나갔다 오면 발은 씻어야 해.'라고 하는 것도 좋다.

1. 물건을 버리지 못한다면 불안이 높은 것이므로 아이의 마음을 알아주어야 한다.

1. 가치 있는 곳에 내가 가지고 있던 물건이 쓰일 수 있다는 것을 알려 준다.

2. 사람의 모습이나 겉으로 드러난 부분은 크게 중요하지 않다는 것을 가르쳐 주는 게 바람직하다.

2. 목욕탕이나 수영장 등에 가서 자연스럽게 발을 노출할 수 있는 방법이 좋다.

2. 불편을 감수해야 한다는 것을 알려 줘야 한다. 물건을 버릴 때의 불편함도 견딜 수 있어야 한다.

2. 일반적인 범위 내에서 가치 있는 것을 수집할 수 있도록 격려한다.

▲ 엉뚱한 버릇에 대한 솔루션

피부에 닿는 촉감이 싫어서 벗는 것을 좋아하는 아이도 있고, 피부에 다른 것이 닿는 것이 싫어서 입는 것을 좋아하는 아이도 있다. 중요한 포인트는 아이의 특성을 파악해야 한다는 것이다.

불안함이 큰 아이일 경우 물건을 쉽게 버리지 못하는 버릇으로 나타나기도 한다. 이럴 때는 "엄마가 물건을 버리려고 하면 너는 마음이 왜 불편할까?"라고 물어 본다. 그리고 불편도 어느 정도 감수해야 하고, 포기하기도 해야 한다는 것을 알려 준다.

어릴 때일수록 자신의 물건에 더 애착을 가지고 의인화하는 경향이 있다. 이럴 때 "너는 왜 지저분하게 양말을 안 벗니?", "너는 왜 쓰레기 같은 물건을 못 버리니?"처럼 묻지 말고 "양말을 벗으면 마음이 불편하니?", "이 물건을 갖고 있으면 마음이 어떠니? 물건을 모으는 것 말고 너의 마음이 나아질 수 있는 방법은 없을까?"라고 아이의 마음과 소통을 하는 것이 필요하다. 그러다 보면 엉뚱한 버릇이라고 오해했던 아이의 버릇도 바뀔 수 있다.

Q. 몸에 꽉 조이는 양말이나 팬티, 바지를 입는 것은 질색을 해요. 그렇다고 늘 헐렁한 양말, 헐렁한 팬티만 입을 수는 없는데 어떻게 하면 좋을까요?

A. 우리의 신체 감각 중에는 5가지 감각인 오감이 있습니다. 시각 · 청각 · 후각 · 미각 · 촉각이 여기에 해당되는데, 사람마다 특히 예민하게 여기는 감각이 있습니다.

먼저 시각이 예민한 사람은 관찰을 잘하기 때문에 사소한 변화를 잘 찾아내는 특징이 있습니다. 청각이 예민한 사람은 소리에 예민해 작은 소리를 잘 듣습니다. 그리고 후각이 예민한 사람은 냄새나 향기를 구분하는 데 뛰어나고, 미각이 예민한 사람은 혀에서 느끼는 여러 맛에 민감합니다.

이와 마찬가지로 촉각이 예민한 사람은 약간의 접촉에도 반응을 하며 피부로 느끼는 감각에 민감합니다. 따라서 피부를 압박하는 옷에 예민할 수 있습니다. 감각 중 촉각이 예민한 아이이므로 "쓸데없이 고집 부리지 말고 입어!"라며 몰아붙이지 않아야 합니다. 아이가 느끼는 촉각은 부모와 다를 수 있기 때문입니다. 아이가 편하게 입을 수 있도록 배려해 주는 게 좋습니다.

PART 3

아이의 건강과 소통하기

내 아이 건강하게만
자라다오!

"

아이가 '콜록' 기침이라도 하면 부모는 덜컥 겁이 난다. '감기에 걸린 건 아닐까?' '아프지는 않을까?' 하고 말이다. 사실 부모가 아이를 키우면서 가장 중요하게 여기는 것은 탈 없이 건강하게 자라 주는 것임에 틀림없다. 가리는 것 없이 이것저것 잘 먹고, 키도 쑥쑥 잘 크고, 상처받는 일 없이 건강하게 잘 자라 주는 것이 모든 부모의 첫 번째 소망일 것이다. 하지만 때로는 아이의 성적에, 때로는 아이의 교우 관계에 밀려 아이의 건강을 살짝 잊어버릴 때가 있다. 그러나 잊지 말아야 한다. 우리 아이에게 가장 중요한 것은 건강이라는 것을!

"

01
안 먹는 아이,
강요는 금물!

"왜 당근은 안 먹어? 먹어 보자. 응?"

"싫어요."

"골고루 먹어야지. 응?"

"힝! 싫어요."

먹기 싫다고 도리질을 하는 아이 탓에 엄마는 한숨이 나온다. 골고루 잘 먹어야
잘 크고 건강하게 잘 자랄 텐데 안 먹는 탓에 걱정이 앞선다.

음식과 전쟁 중인 아이

"유치원 급식은 남기기 일쑤예요."

"어휴, 저희 집 아이는 채소 냄새만 맡아도 헛구역질을 해요."

"저희 애는 밥에 뭐가 섞이면 절대 먹지 않아요."

이렇게 싫어하는 음식이 있어서 절대 입에 대지 않으려고 하는 아이가 많다. 특히 시금치나 양파와 같은 향이 강한 채소를 비롯해, 브로콜리를 안 먹는 아이, 김치라면 질색하는 아이, 당근은 딱딱해서 뱉어 내는 아이 등 아이마다 싫어하는 음식도 제각각이다.

아이가 안 먹는 음식이 많으면 엄마의 고민은 깊어질 수밖에 없다. 그래서 당근을 아주 잘게 다져서 볶음밥에 섞기도 하고, 양파를 곱게 갈아서 카레에 섞기도 한다. 물론 이렇게 아이에게 다양한 식재료를 접하게 하는 것은 좋다. 하지만 이것 때문에 엄마가 너무 스트레스를 받지 않기 바란다. 아이의 입맛은 점점 좋아지기도 하고 바뀌기도 하기 때문이다.

특히 어렸을 적에 미각이 유난히 예민한 아이들이 있는데, 이런 아이들은 맛을 느끼는 감각 기관인 미뢰가 유난히 많거나 예민한 경향이 있다. 만 10세가 될 때쯤이면 미뢰의 감각이 둔해지기도 한다. 때문에 어렸을 적에는 맛이 이상하다고 못 먹던 재료나 음식들도 먹을 수 있게 되는 것이다.

맛을 느끼는 미뢰

주로 혀에 있으며 유두라는 돌출된 구조물에 둘러싸여 있다. 미각세포를 가지고 있어 맛을 느낄 수 있다. 혀의 각 부분에 있는 미뢰들은 비슷한 구조를 가지고 있으나, 미각에 대한 감수성은 서로 다르다.

만약 아이가 편식을 해서 영양이 부족하다고 느낀다면 영양제로 보충하는 방법도 있다. 억지로 먹는 양을 정해 주거나 속도를 정해 주는 것은 좋지 않고 오히려 다른 부작용이 생길 수 있다. 아이의 자율성이 발달하는 것을 막거나 주도성을 막는 것보다는 엄마가 조금 더 기다릴 필요가 있다.

아이들이 편식을 하는 이유

모유나 분유를 먹는 시기를 지나 이유식을 먹으며 쑥쑥 자란 우리 아이. 만 3세 이상이 되면 어른들과 같은 밥을 먹는다. 이 시기의 아이는 기호가 확실하다. 좋아하는 음식만 먹으려는 경향이 강한데 이것이 심해지면 편식으로 이어질 수 있다.

그런데 아이는 왜 편식을 하게 되는 것일까? 가장 일반적인 이유는 '푸드 네오포비아(food neophobia)'에서 찾을 수 있다. 푸드 네오포비아란 음식에 대한 두려움을 가리키는 말로, 낯선 식품에 대한 거부 현상을 일컫는다. 만 5세 이후가 되면 차츰 줄어드는 경향이 있지만 이 시기에 다양한 음식을 접하지 않으면 성인이 되어서까지 그 음식을 거부하게 되기도 한다. 아이 때 시작되는 편식 성향은 어른이 될 때까지 이어져 식습관에 영향을 미친다.

사실 아이의 입장에서는 새로운 음식에 대한 준비가 되어 있지 않다. 가지를 보고 '으아, 저건 이상하게 생겼어. 미끈미끈한 데다가 보라색이야!'라고 느끼고, 굴을 보고 '헉, 흐물흐물한 게 완전 이상해!'라고 느끼며 두려움을 느끼는데, 이것은 당연한 인간의 본능이다. 모든 아이는 푸드 네오포비아를 어느 정도 경험한다.

그런데 이러한 두려움은 어른이 되면서 줄어들어 편식 역시 점점 줄어들게 된다. 따라서 푸드 네오포비아라서 편식을 하는 아이에게 지나치게 야단을 치거나 재촉을 해서는 안 된다. 하지만 아이가 편식을 하는 집이라면 대부분의 경우 식사 상황에서 엄마가 먼저 "이만큼은 먹어야 하는 거야."라고 강제하거나 "언제까지 다 먹어야 되는 거 알지?"라고 재촉을 한다.

그러나 편식을 고치겠다고 아이를 지나치게 야단치거나 재촉하면 오히려 좋지 않은 영향을 줄 수 있다. 왜냐하면 아래 그래프에서 보는 바와 같이 푸드 네오포비아가 높은 시기와 자아존중감이 발달하는 시기가 겹치기 때문이다. 다시 말해 만 2~5세 시기에 음식을 먹는 문제를 가지고 지나치게 억제하거나 야단을 치면 자아존중감 발달에 문제가 생길 수 있다. 강요에 의한 식습관은 학교생활, 교우 관계, 나아가 사회성에 영향을 준다.

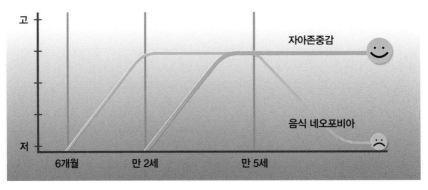

▲ 푸드 네오포비아와 자아존중감 발달의 관계

실제로 편식 아동의 경우 부모와의 갈등을 겪을 수 있는 확률이 3~5배가 높고, 우울감도 2배 이상 높다는 미국의 사례 조사가 있다. '모든 음식은 다 먹어야 해!'

라는 생각보다는 '싫어하는 음식은 안 먹을 수 있지.'라는 생각을 가지고 '먹는 일은 즐거운 일'임을 알려 주는 것이 바람직하다. 먹는 것에 대한 즐거움을 알게 되면 점차 안 먹던 음식도 먹을 수 있다.

아이들이 유독 편식하는 음식

아이들이 편식하는 음식 중 가장 많은 것이 채소이다. 당근, 시금치, 오이, 파, 가지, 파프리카, 양배추, 양파 등은 아이들이 자주 꺼리는 음식에 속한다. 이렇게 채소를 꺼리는 이유는 채소에서 나는 미세한 쓴맛 때문이다. 사람들은 '쓴맛 = 독성을 가진 식품'이라는 생각을 가지고 있는데, 미뢰가 민감한 어린아이들의 경우 채소의 쓴맛 때문에 채소를 꺼리기도 한다.

아이들이 편식하는 음식 중 하나로 어패류를 들 수 있다. 고등어·꽁치·정어리와 같이 등푸른생선에는 아이들 두뇌 발달에 좋은 DHA가 많다는데, 아이가 잘 먹지 않아 속을 끓이는 엄마도 많다. 하지만 아이들은 등푸른생선 특유의 비린내 때문에 "생선 싫어! 안 먹어!"를 외친다. 조개나 굴의 경우에는 흐물흐물한 식감이나 생김새 때문에 편식의 대상이 되기도 한다.

편식하는 음식 중 하나로 김치도 자주 손꼽힌다. 김치는 우리나라의 밥상에서 빠질 수 없는 중요한 반찬이지만, 고춧가루와 소금이 많이 들어가고 젓갈도 많이 함유되어 아이들이 느끼기에는 지나치게 맵고 짜기 때문이다.

편식 없이 키우는 법

편식에 대한 잔소리를 줄이라고 해도, 골고루 먹이는 것보다 재촉하지 않으면서 자존감을 키우는 것이 중요하다고 해도, 아이가 골고루 잘 먹었으면 하는 마음에 엄마들은 속이 탄다. 어떻게 하면 잔소리하지 않고, 야단치지 않고 재촉하지 않으면서 편식 없이 키울 수 있을까?

하나, 간식을 확실하게 줄여라!

편식은 물론 잘 안 먹는 아이들을 보면, 엄마가 '밥을 안 먹으니 다른 것이라도 먹여야지.'라는 생각에 아이가 좋아하는 빵이나 과자를 간식으로 준다. 하지만 이렇게 먹고 나면 식사 시간에 어떤 음식이 나와도 아이가 잘 먹을 리가 없다. 간식을 줄여서 식사 시간 전에 배가 고프게 만들어야 어떤 음식이든 맛있게 먹을 수 있다.

둘, 다양한 조리법을 사용하라!

어른들도 매일 비슷한 음식만 먹으면 질린다. 아이들도 마찬가지이다. 아이가 다양한 맛을 즐길 수 있도록 다양한 조리법을 사용하는 것이 좋다. 어제는 찜 요리를 했다면 오늘은 볶음 요리, 내일은 국물 요리처럼 변화를 줘서 먹는 즐거움을 느낄 수 있게 한다.

셋, 아이와 함께 요리해라!

낯선 것에는 당연히 거부감이 들 수 있다. 따라서 새로운 음식을 접할 때는 식사 시간 전에 여러 번 보여 주는 게 좋다. 특히 아이와 함께 평소에 싫어했던 재료로 요리를 함께 만들어 보는 것이 효과적이다. 자기가 만든 음식이라면 싫어하는 음식도 달리 보이는 법이다.

넷, 싫어하는 음식은 천천히 친해지게 하라!

싫어하는 재료는 소량씩 자주 주는 것이 좋다. 한꺼번에 너무 많이 먹이려고 하기보다, 다른 좋아하는 음식들과 같이 주고, 좋아하는 음식보다 조금 적게 줘서 거부감을 줄인다. 조금씩 자주 먹으면 아이는 부담감 없이 싫어하는 음식과도 천천히 친해질 수 있다.

다섯, 소스를 활용하라!

찍어 먹는 것을 좋아하는 아이라면 아이가 좋아하는 소스를 활용해 싫어하는 음식에 도전해 보게 할 수 있다. 오이도 찍어 먹고, 당근도 찍어 먹다 보면 싫어하는 재료도 어렵지 않게 도전할 수 있다.

여섯, 자연스럽게 밥상에 자주 올려라!

새로운 것에 대한 공포가 없어지려면 반복적인 노출이 필요하다. 최소 8번 이상 밥상에 올려 아이들에게 익숙하게 만드는 것이다. 여러 번 밥상에 올려 자주 접하게 해 주는 방법으로, '8번 노출의 법칙'이라고도 부른다.

많은 엄마가 "우리 아이는 오이를 안 먹어 걱정이에요.", "우리 아이는 가지는 질색이에요."라고 하지만 한두 가지 음식을 싫어해서 안 먹는다고 해도, 편식을 한다고 해도 크게 영양 불균형이 생기지는 않는다. 따라서 "너 이거 안 먹으면 혼날 줄 알아!"라고 화를 낼 필요도, "제발 이것 좀 먹어 줘!"라고 애원할 필요도 없다. 또한 계속 5대 영양소에 집착하지 않아도 된다. "너 안 먹으니까 키가 안 크는 거야."라고 아이에게 말하는 것은 옳지 않다. 이런 말들은 아이 스스로 자신에 대해 부정적인 마음이 들게 할 뿐이다.

중요한 것은 아이가 건강하게 스스로 먹을 수 있는 음식 위주로 먹게 해야 한다는 것이다. 사실 먹는 것은 즐거운 일이다. 함께 행복하게 음식을 먹으면서 이야기도 나누고 웃음을 나누는 게 중요하다. 엄마와 아이 모두 식탁이 즐거워야 한다. 그래야 아이도 행복하고, 엄마도 행복할 수 있다.

Q. 별난 식습관을 가진 딸아이의 엄마예요. 저희 딸은 2가지 이상의 색깔이 섞인 음식은 싫어해요. 여러 색의 채소가 섞인 샐러드는 물론 검은 씨와 빨간 속살이 함께 있는 수박, 여러 가지 곡식이 섞인 밥은 안 먹어요. 노란 계란말이, 하얀 두부, 까만 김, 흰 쌀밥을 고집하는 아이, 왜 그러는 걸까요?

A. 시각적 편식이 있는 아이입니다. 그래서 새로운 것을 받아들이는 것에 대한 두려움이 크기 때문에 모든 음식이 안전한지 자신의 눈으로 확인을 하려는 경향이 있습니다. 이런 아이들에게 엄마들은 잘게 다져서 먹이기, 속에 감춰서 먹이기와 같이 '숨겨서 먹이는 방법'을 많이 쓰는데, 이럴 경우 오히려 역효과가 생길 수 있습니다. '우리 엄마가 또 이상한 걸 줄지 몰라.'와 같은 마음이 들게 해서 엄마가 주는 것에 대해 불신을 갖기 때문이지요. 따라서 아이가 안전하다고 여기는 것을 우선 먹을 수 있도록 하는 것이 좋습니다.

02
우리 아이
숨은 키를 찾아라

"일찍 좀 자!"

"좀만 더 놀고요!"

"그러다 키 안 큰다!"

우리나라 부모들은 아이의 키에 지대한 관심이 있다. 아무래도 주위에 키 큰 아이가 많고, TV에서도 키 큰 연예인들을 많이 보다 보니 키 성장에 예민한 편이다.

우리나라 키 성장률은 높은 수준이다

영국 임페리얼 대학 연구에 따르면 100년간 한국인 평균 키 성장이 세계적으로 두드러지게 높아졌다. 여성의 경우 100년 전에는 평균 키가 142.2cm였던 것이 지금은 20cm가 더 자라 162.3cm에 달하고, 남성의 경우 159.8cm였던 것이 15cm가 더 자라 174.9cm에 달한다. 이처럼 한국인 평균 키는 꽤 커졌다.

100년간 한국인 평균 키 성장

여성 142.2cm → 162.3cm

남성 159.8cm → 174.9cm

*영국 임페리얼 대학 연구

그러다 보니 엄마 아빠의 불안은 더 커질 수밖에 없다. '다른 아이들은 큰데 우리 아이만 작으면 어떻게 하지?' 하는 생각 때문이다. 또한 부모의 키가 작은 경우 '내 키가 작은데 아이 키도 나를 닮으면 어떻게 하지?' 하는 걱정이 들기도 한다. 물론 키는 유전적 요인이 70%에 달할 정도로 엄마 아빠를 닮는다.

아이의 키는 의학적으로는 엄마 아빠를 반반씩 닮는데, 다음과 같이 '부모 중간 키 계산식'을 참고하면 아들의 최종 키와 딸의 최종 키를 짐작할 수 있다.

부모 중간 키 계산식

부모 평균 키 + 6.5 = 아들 최종 키

부모 평균 키 − 6.5 = 딸 최종 키

하지만 키와 관련된 요인은 이것이 전부는 아니다. 환경적 요인이 30%에 달하기 때문이다. 그래서 부모 중간 키 계산식의 위아래로 5cm씩까지 환경적인 요인에 따라 변할 수 있다. 다시 말해 아빠의 키가 174cm, 엄마의 키가 164cm인 집의 아들의 유전적인 최종 키는 (174 + 164) ÷ 2 + 6.5로 175.5cm이지만, 환경적인 요인에 따라 181.5cm가 될 수도 있고 171.5cm가 될 수도 있다는 말이다.

2015년 대한소아내분비학회의 조사 결과, 키 작은 아이들의 83%가 권장 시간에 비해 수면 시간이 부족하다고 응답했으며, 79%가 운동 시간이 부족하다고 응답했다. 따라서 유전적인 요인만을 걱정하기보다는 아이가 자라는 환경에 대한 부모의 기본적인 관심이 필요하다. 아이의 키는 환경적인 요인에 따라 충분히 커질 수도 있고 작아질 수도 있다.

키 성장에 대한 잘못된 상식

살은 나중에 키로 간다?

클 때 찐 살은 다 키로 간다고 어른들은 말한다. 하지만 비만은 조심해야 한다. 소아비만이 성인비만으로 이어질 수 있고, 과하게 축적된 지방은 성 호르몬 분비를 촉진하여 성장 시기를 단축시킬 수 있다. 성장 호르몬이 일찍 분비되면 성장판이 일찍 닫히게 되어 남들보다 빨리 성장이 멈출 수 있다.

잠을 많이 자면 좋다?

무조건 잠을 자는 것보다 언제 자느냐가 중요하다. 성장 호르몬은 오후 10시~

오전 2시에 폭발적으로 분비되므로 이때 충분한 수면이 이뤄질 수 있도록 오후 9시 이전에 잠자는 습관을 들여야 한다. 그래야 성장 호르몬이 나오는 시간에 깊은 잠에 이를 수 있다.

모든 운동은 키에 도움이 된다?

줄넘기, 농구, 스트레칭, 축구, 수영 등 유산소 운동과 근력 운동은 모두 좋다. 성장판을 풀어주는 역할을 해서 성장에 도움이 되기 때문이다. 하지만 역도, 마라톤, 기계체조처럼 과격한 운동이나 오래 달리기 같은 운동은 피하는 게 좋다. 더불어 식이조절을 해야 하는 운동은 오히려 키 성장에 해가 될 수 있다.

성인이 되어서도 키가 큰다?

성인이 되어서도 키가 컸다는 말은 거짓말이다. 성장판이 멈추는 시기가 남자는 평균 16~17세, 여자는 평균 15~16세인데, 성장판이 멈추면 성장은 끝났다고 볼 수 있다. 성인이 된 후 키가 컸다면 자세가 바르게 되었다거나 키를 잘못 잰 경우에 해당한다.

우유를 많이 마셔야 한다?

"우유 많이 먹어야 키가 크지."라며 우유 먹기를 강요하는 부모도 있다. 물론 우유가 성장에 도움을 주기는 한다. 하지만 과하게 먹는 것은 곤란하다. 하루에 최대 2잔까지만 섭취하는 것이 바람직하며 다른 음식도 골고루 섭취하는 것이 성장에 도움이 된다.

걱정할 정도의 작은 키란?

"우리 애는 키가 작아 걱정이에요.", "친구들 사이에서 제일 작은 것 같아요." 라고 부모들은 걱정하지만 실제로 걱정할 정도인지는 잘 생각해 봐야 한다. 객관적으로 생각했을 때 '걱정할 정도의 작은 키'란 같은 성별, 연령 100명 중 작은 쪽에서 3번째 미만을 말한다. 또한 덜 크고 있는 것은 아닌지를 확인할 수 있는 '저성장 자가 체크법'이 있는데, 이를 통해 성장이 잘 되고 있는지를 체크할 수 있다.

저성장 자가 체크법

1. 같은 성별, 연령 100명 중 키가 3번째 이내로 작다.

2. 같은 성별, 연령보다 10cm 이상 작다.

3. 사춘기 이전인데 1년에 4cm 이하로 성장한다.

4. 잘 크던 아이가 갑자기 성장이 느려지거나 멈췄다.

다음에 제시하는 '소아청소년 표준성장도표'로 일반적인 성장을 미루어 짐작할 수 있다.

남아				연령	여아			
체중(kg)	신장(cm)	체질량지수 (kg/m²)	머리둘레 (cm)		체중(kg)	신장(cm)	체질량지수 (kg/m²)	머리둘레 (cm)
3.41	50.12		34.70	출생시	3.29	49.35		34.05
5.68	57.70		38.30	1~2개월*	5.37	56.65		37.52
6.45	60.90		39.85	2~3개월	6.08	59.76		39.02
7.04	63.47		41.05	3~4개월	6.64	62.28		40.18
7.54	65.65		42.02	4~5개월	7.10	64.42		41.12
7.97	67.56		42.83	5~6개월	7.51	66.31		41.90
8.36	69.27		43.51	6~7개월	7.88	68.01		42.57
8.71	70.83		44.11	7~8개월	8.21	69.56		43.15
9.04	72.26		44.63	8~9개월	8.52	70.99		43.66
9.34	73.60		45.09	9~10개월	8.81	72.33		44.12
9.63	74.85		45.51	10~11개월	9.09	73.58		44.53
9.90	76.03		45.88	11~12개월	9.35	74.76		44.89
10.41	78.22		46.53	12~15개월	9.84	76.96		45.54
11.10	81.15		47.32	15~18개월	10.51	79.91		46.32
11.74	83.77		47.94	18~21개월	11.13	82.55		46.95
12.33	86.15		48.45	21~24개월	11.70	84.97		47.46
13.14	89.38	16.71	49.06	2~2.5세	12.50	88.21	16.34	48.08
14.04	93.13	16.29	49.66	2.5~3세	13.42	91.93	16.01	48.71
14.92	96.70	15.97	50.10	3~3.5세	14.32	95.56	15.76	49.18
15.91	100.30	15.75	50.43	3.5~4세	15.28	99.20	15.59	49.54
16.97	103.80	15.63	50.68	4~4.5세	16.30	102.73	15.48	49.82
18.07	107.20	15.59	50.86	4.5~5세	17.35	106.14	15.43	50.04
19.22	110.47	15.63	51.00	5~5.5세	18.44	109.40	15.44	50.21
20.39	113.62	15.72	51.10	5.5~6세	19.57	112.51	15.50	50.34
21.60	116.64	15.87	51.17	6~6.5세	20.73	115.47	15.61	50.44
22.85	119.54	16.06	51.21	6.5~7세	21.95	118.31	15.75	50.51
24.84	123.71	16.41		7~8세	23.92	122.39	16.04	
27.81	129.05	16.97		8~9세	26.93	127.76	16.51	
31.32	134.21	17.58		9~10세	60.52	133.49	17.06	
35.50	139.43	18.22		10~11세	34.69	139.90	17.65	
40.30	145.26	18.86		11~12세	39.24	146.71	18.27	
45.48	151.81	19.45		12~13세	43.79	152.67	18.88	
50.66	159.03	20.00		13~14세	47.84	156.60	19.45	
55.42	165.48	20.49		14~15세	50.93	158.52	19.97	
59.40	169.69	20.90		15~16세	52.82	159.42	20.42	
62.41	171.81	21.26		16~17세	53.64	159.98	20.77	
64.46	172.80	21.55		17~18세	53.87	160.42	21.01	
65.76	173.35	21.81		18~19세	54.12	160.74	21.13	

*주 : 1~2개월은 1개월부터 2개월 미만에 해당하며, 다른 연령에도 동일하게 적용된다.

▲ **소아청소년 표준성장도표**(출처 : 질병관리본부, 2007)

왜 키가 안 클까요?

아이가 잘 먹고 잘 자는데도 키가 작다면, 성장이 더디다면 키가 작은 원인을 찾아볼 필요가 있다. 키가 작은 원인에는 여러 이유가 있다. '사춘기 지연증'의 경우는 사춘기가 늦게 오는 것으로 주로 남자아이들이 해당한다. 또한 유전적으로 작은 경우에 해당하는 '가족성 저신장'이거나 '성장 호르몬 결핍증'에 해당할 수도 있다.

드물게 '터너 증후군'일 수도 있다. 이는 여자아이들에게만 생기는 병으로, 난소 기능 장애로 인해 조기 폐경, 저신장증, 심장 질환 등이 발생하는 유전 질환에 해당한다. 아니면 '만성 신장 질환'이거나, '자궁 내 성장 지연'에 해당하는 신장 45cm, 체중 2.5kg 미만인 경우로 작게 낳은 아이에 해당한다. 이 경우 만 48개월까지는 또래의 키를 따라잡을 수 있으므로 부모의 주의 깊은 관찰이 필요하다.

요즈음은 아이가 성조숙증일 경우 성장이 일찍 끝난다고 알려져 많은 부모가 고민한다. 만 8세 미만의 여아가 유방 발달을 시작했거나, 만 9세 미만의 남아가 고환이 커지는 것을 성조숙증이라고 한다. 성조숙증 환자가 9년간 약 12배 증가했다는 조사 결과가 있다. 만약 내 아이가 성조숙증이라고 판단되면 성조숙증 치료제를 맞는 방법이 있다. 일부 부모들은 성조숙증 치료제를 맞으면 성 호르몬 분비에 문제가 생겨서 불임이 된다고 알고 있는데, 전혀 그렇지 않다. 성조숙증 치료제는 사춘기를 늦추는 작용 외에 다른 영향은 없다.

키 쑥쑥 크는 비결

하나, 잘 먹어라!

키가 크려면 뼈도 자라야 하고 근육도 자라야 하고 피부도 자라야 한다. 따라서 먹는 것과 성장은 큰 연관이 있다. 먹는 양이 적으면 아무래도 성장에 무리가 있을 수밖에 없다. 적절한 양의 음식을 골고루 먹는 것이 키 성장에 도움이 된다. 고기와 채소는 물론 탄수화물을 골고루 먹어야 한다. 대신 칼로리가 높은 과자나 인스턴트 식품은 피해야 하고 사탕이나 설탕, 탄산음료도 피해야 한다.

둘, 잘 놀아라!

몸을 쓰는 활동은 성장과 큰 관련이 있다. 때문에 자라나는 아이들은 실내 활동과 실외 활동을 적절히 하는 것이 필요하다. 특히 꾸준히 운동을 해야 키 성장에 도움이 되는데, 하루에 1시간 이상을 충분히 뛰어 놀아야 한다. 이때 땀을 흘릴 정도로 뛰어 놀아야 키 성장에도 도움이 된다.

셋, 잘 자라!

연령에 맞는 잠을 자야 한다. 특히 오후 10시~오전 2시가 성장 호르몬의 분비가 가장 높은 시간이다. 깊은 수면이 이 시간대에 이루어져야 한다는 것이므로 오후 9시에는 잠드는 게 좋으며, 늦게 자더라도 최소한 오후 11시 이전에는 잠드는 게 중요하다. 질환이 있을 경우에도 잠을 못 잘 수 있으므로 아이가 만약 잠을 잘 못 잔다면 잠 못 드는 원인을 찾아봐야 한다. 자기 전에 격하게 운동을 하거나, 낮잠을 너무 많이 자는 것은 아닌지, 자기 전에 과식을 하지는 않는지를 체크해 봐야 한다.

Q. 아이의 키가 작아서 걱정인데 키를 많이 키우는 약이 있나요? 있다면 약을 먹이고 싶은데 혹시 성장통이 심하지는 않을까요?

A. 안타깝게도 아이의 키를 키우는 약은 따로 없습니다. 아직은 성장 호르몬 주사 외에는 과학적으로 인정받은 것이 없기 때문이에요. 치료용 성장 호르몬 주사는 의료보험이 가능합니다.

걱정하는 성장통은 키가 자라는 과정에서 성장기 아동들에게서 흔히 나타나는 통증입니다. 주로 종아리, 허벅지 또는 무릎 부위에 발생합니다. 성장통은 특별한 치료 없이 괜찮아지며, 만약 통증이 심하다면 전신목욕, 마사지 등으로 통증을 완화시켜 줄 수 있습니다. 성장통은 대부분 2~3살부터 시작되어 초등학교까지 계속됩니다.

03
영양제,
알고 먹이자

"아직 영양제 안 먹이고 있어? 어서 먹여야지."

"영양제 안 먹여도 된다던데?"

"무슨 소리, 아빠가 의사인 집에는 비타민 D와 칼슘은 반드시 먹인대!"

때로는 너무 많은 정보가 혼돈을 준다. 영양제 역시 예외가 아니다. 한편에서는 영양제를 복용하는 것이 좋다고 하지만, 다른 한편에서는 조금도 도움이 되지 않는다고 말한다. 영양제, 먹이는 게 좋은 걸까? 안 먹이는 게 좋은 걸까? 정말 어떻게 먹여야 하는 걸까?

영양제를 정말 먹어야 하나?

'영양제'를 사전에서 찾아보면 '영양을 보충하는 약'이라고 나와 있고, '각종 영양 성분을 배합하여 정제나 음료의 형태로 만들어 복용과 체내 흡수를 쉽게 하였다.'는 설명이 붙어 있다. 일반적으로 영양제라고 하면 비타민과 미네랄을 말하는 경우가 많다. 그런데 이 비타민과 미네랄은 크게 많은 양을 필요로 하지 않는다. 따라서 골고루 식사를 잘하고 있다면 식사만으로도 충분하다. 굳이 음식을 잘 먹고 있다면 영양제를 추가로 먹을 필요는 없다는 의미이다.

아이들의 영양 상태를 분석해 보면 크게 3가지로 분류할 수 있다.

① 영양제가 치료제로 필요한 아이들

② 영양제를 먹어도 되고 안 먹어도 되는 아이들

③ 영양제 과다 복용으로 좋지 않은 아이들

이 중 ②와 ③에 해당하는 아이들은 영양제가 필요치 않고, ①에 해당하는 아이들은 반드시 영양제를 먹어야 한다. 2014년 국민 건강 영양 조사에 따르면 국민 대부분이 영양 섭취 기준의 100% 이상을 섭취하는 것으로 나왔다. 이 수준은 OECD 국가 중 최고치에 해당한다.

하지만 지방과 나트륨의 섭취는 높으나 상대적으로 비타민이나 미네랄은 부족한 것으로 나와 영양의 불균형을 보이는 경우가 있다. 따라서 잘 먹고 있지만 비타민이나 미네랄이 부족할 경우가 있다. 혹시 우리 아이에게 비타민이나 미네랄이 부족하다면 영양제로 부족한 영양소를 채워 줘야 한다.

부족한 영양소는 어떻게 알 수 있나?

비타민이나 미네랄이 부족할 경우에는 영양제로 채워 줘야 한다는데 고민이 된다. 부모는 아이와 많은 시간을 함께 보내지만, 의사가 아닌 다음에야 우리 아이에게 영양소가 부족한지 아닌지를 잘 알 수 없기 때문이다. 하지만 우리 아이에게 영양소가 부족한지 아닌지는 조금만 주의를 기울이면 알 수 있다. 아이를 평소에 주의 깊게 관찰하며 다음과 같은 증상이 아이에게 나타날 때 '혹시 영양소가 부족해서 그런가?' 하고 짐작하면 된다.

① 편식이 심할 때
② 잠을 잘 못 자거나 집중력이 떨어질 때
③ 평소와 달리 기운이 없고 혈색이 흐릴 때
④ 머리가 가늘어지거나 손발톱, 피부가 거칠어질 때

이렇게 아이가 편식이 심하거나 잠을 잘 못 자거나 집중력이 떨어질 때, 그리고 기운이 없어서 혈색이 흐릴 때, 머리가 가늘어지거나 손발톱과 피부가 거칠어질 때는 혼자 고민하지 말고 소아청소년과 주치의에게 상담을 받는 것이 좋다. 간단한 혈액 검사로 비타민과 미네랄 검사가 가능하다. 미네랄 검사의 경우에는 모발로도 충분히 검사가 가능하다.

그런데 영양소가 부족하다고 해도 어떤 영양제를 먹여야 할지 쉽게 결정하기 어렵다. 시중에 나와 있는 영양제의 경우 종류가 엄청 많고, 가짓수도 많기 때문이다. 2015년 식품의약품안전처의 조사에 따르면, 시판되는 영양제가 무려 25,152

개에 달할 정도이다. 이렇게 많은 영양제 중에서 아이에게 어떤 것을 먹여야 할지 결정하는 것은 사실 엄청난 고민이다.

전문가가 뽑은 아이 영양제 베스트3

"어떤 영양제를 아이에게 먹이면 좋을까요?"라는 질문에 고홍 교수와 홍주의 전문의는 크게 3가지를 꼽았다. 첫째는 칼슘, 둘째는 철분, 셋째는 아연이다.

하나, 칼슘은 영양제로 보충하라!

많은 사람이 알다시피 칼슘은 뼈의 형성과 유지에 꼭 필요한 영양소이다. 자라는 아이에게 특히 필요한데, 멸치 등에 많이 들어 있어서 식품으로 섭취하면 가장 좋다. 그런데 장에서 섭취가 잘되지 않을 수 있으므로 잔멸치나 뱅어포, 우유 등으로 섭취하는 것이 좋다. 하지만 칼슘의 경우 안타깝게도 신체 흡수율이 낮다. 그래서 영양제로 보충하면 좋다.

'혹시 우리 아이가 칼슘이 부족한 것은 아닐까?' 하고 궁금하다면 다음의 5가지 항목을 체크해 보라.

- 아이가 또래에 비해 키가 작은가?
- 뼈가 잘 부러지는가?
- 뼈가 붙는 속도가 느린가?
- 쉽게 예민하고 짜증을 내는가?

이 5가지 항목 외에도 탄산음료를 좋아하는 아이들은 특히 주의해야 하는데, 탄산음료 안에 들어 있는 인이 칼슘의 흡수를 방해하기 때문이다. 따라서 탄산음료를 먹으면 몸의 칼슘 섭취가 제대로 안 될 수 있다.

칼슘이 부족하면 몸에 많은 문제가 생긴다. 칼슘 부족으로 생기는 질환은 무려 147개에 달할 정도이다. 칼슘 부족은 성장이 지연되는 문제에서부터 골다공증, 구루병과 같은 질환은 물론 고혈압이나 동맥경화, 고지혈증 등 각종 만성 질환과 떼려야 뗄 수 없는 관계에 있다.

칼슘의 기능

- 뼈의 생성과 유지 : 칼슘은 골격과 치아의 구성 성분이다.
- 근육의 수축과 이완 : 칼슘은 우리 몸의 근육이 움직이는 데 큰 역할을 한다.
- 신경 전달 : 칼슘은 신경 자극을 전달하는 데 관여한다.
- 혈액 응고 : 칼슘은 정상적인 혈액 응고에 필요하다.

둘, 철분을 영양제로 보충하라!

철분은 피를 생성하는 데 꼭 필요한 영양소이다. 특히 활동량이 많은 성장기 아이에게는 필수라 할 수 있다. 하지만 아이가 "나 어지러워."라고 말한다고 해서 바로 철분제를 사다 먹이면 안 된다. 왜냐하면 장기간에 걸친 철분 복용은 위험할 수 있기 때문이다. 과량 복용할 경우 식욕 저하, 울렁거림, 피로감 등 간독성 증상이 나타날 수 있으므로 철분을 복용하기 전에는 전문의의 진단이 반드시 필요하다.

철분도 식품으로 섭취하는 게 좋다. 빨간 피가 들어 있는 고기, 즉 쇠고기가 가장 효과적인 공급원이다. 그 밖에도 간이나 말린 과일, 푸른잎 채소에 철분이 들어 있다. 만약 철분을 영양제로 보충한다면 식사와 식사 사이, 즉 공복 상태에서 먹는 것이 바람직하다. 철분이 위장장애를 일으킬 수 있기 때문에 아침 공복보다는 식간에 먹는 것이 좋다. 또한 다른 영양제와 함께 먹지 않아야 하며, 비타민C가 풍부한 오렌지 주스와 함께 먹는 것이 좋다.

철분이 부족할 경우에 대해서는 여러 임상 결과가 나와 있는데, 발달 장애나 인지 능력 손상 등의 결과가 나타나는 것으로 조사되었다. 다시 말해 철분이 결핍될 경우 성장은 물론 뇌에도 많은 영향을 끼친다.

철분의 기능

- 산소 운반 : 철분은 단백질의 구성 성분이며, 이 중 헤모글로빈은 신체 조직에 산소를 운반하는 역할을 한다.
- 신체 내 여러 반응 시 효소 활성 : 철분은 에너지 대사에 필요하며 약물 해독 등에도 관여한다.

셋, 아연을 영양제로 보충하라!

아연은 세포 형성에 필수적인 성분으로 정상적인 면역 기능과 세포분열에 필요하다. 따라서 아연이 부족하게 되면 피부, 호흡기, 장에 영향을 줄 수 있다. 특히 아연은 아토피 증상의 호전과 두뇌 발달에 도움이 된다는 연구 결과가 있다.

만약 아이에게 다친 상처가 잘 낫지 않아서 오래가거나, 피부병이 자주 생기거나, 혓바늘이 자주 돋고 오래가거나, 만성 설사 증상이 나타난다면 '혹시 아연이 부족하지는 않은가?' 하고 확인해야 한다.

만약 아연을 식품으로 섭취하려면 단백질 식품, 즉 굴, 달걀, 땅콩, 콩류가 좋은 공급원이다. 곡류에 함유된 아연은 주로 껍질에 분포하는 것으로 알려졌으므로 아연을 섭취하려면 도정하지 않은 곡류를 먹는 것이 좋다.

아연의 기능

- 신체 내 효소 반응 관여 : 아연은 생체 내 200여 종 이상 되는 효소의 구조적 성분으로 주요한 대사 과정이나 반응을 조절하는 데 관여한다.

추가, 비타민D를 보충하라!

칼슘과 함께 중요한 것이 바로 비타민D이다. 비타민D가 부족하면 아무리 칼슘을 많이 섭취해도 전혀 효과가 없다. 비타민D가 칼슘을 뼈에 붙잡아 주는 역할을 하기 때문이다. 칼슘은 벽돌, 비타민D는 시멘트의 역할을 한다고 볼 수 있다. 어른의 경우 비타민D가 부족할 경우에는 골다공증이 생기며, 비타민D가 면역력을 높여 준다는 연구 결과도 있다.

사실 비타민D는 햇볕을 받으면 자연적으로 생성되는 영양소이다. 하지만 우리

나라 사람들 80%가 비타민D 결핍으로 조사되었다. 이는 실내 활동이 대부분인 데다가 미세먼지 등으로 햇빛을 보기 어려운 것과도 영향이 있다. 따라서 실외에서 최소 하루 20분 이상 햇볕을 쬐는 게 좋다. 자외선 차단제를 바르고 오전 10시에서 오후 2시를 피해서 하루 8시간 이상 햇볕을 쬐어야 비타민D 생성에 효과적이다.

비타민D가 부족하면 관절에 질환이 생기는 것은 물론, 성장이 부진해진다. 비타민D는 햇볕으로 받아 생성될 경우에는 중독되지 않지만, 약 등으로 섭취하면 중독될 수도 있다. 왜냐하면 비타민D는 지용성 비타민으로 몸에 축적되면 몸 밖으로 배출되지 않기 때문이다. 과잉 섭취 시 체내에 축적되어 간에 부담을 주며, 구토 · 울렁거림 · 어지러움증 등을 유발한다. 따라서 비타민D를 영양제로 섭취할 경우에는 반드시 섭취 양과 섭취 방법을 전문의와 상의해야 한다.

지혜롭게 영양제 활용하기

'영양제는 무조건 좋다.', '영양제는 무조건 좋지 않다.' 어느 한 쪽의 손을 들어 줄 수는 없지만 아이에게 부족한 영양소가 있다면, 그것이 음식으로 섭취가 안 된다면 지혜롭게 영양제를 섭취하는 것이 바람직하다. 아이의 생활 모습이나 상태를 꾸준히 보고 관찰한 다음, 아이가 자주 조는지, 아이가 자주 아픈지, 아이의 키가 또래에 비해 작은지 등을 살펴 부족한 영양소를 파악하는 것이 중요하다. 부모가 판단하기 힘들다면 소아청소년 전문의를 방문하는 것도 좋다.

Q. 영양제에 대해 여러 속설이 있는데 맞는 말인가요?

A. 안타깝게도 영양제에 관한 여러 속설 중에는 맞는 것도 있지만 틀린 것도 많습니다. 먼저 '영양제는 액상이 흡수가 잘되기 때문에 아이에게는 액상으로 먹여야 한다.'는 속설이 있는데, 전혀 그렇지 않습니다. 액상이 흡수가 잘된다는 장점보다는 먹이기 더 간편하기에 아이에게 적합할 뿐입니다.

'병원 전용 영양제와 약국용 영양제는 차이가 있다.'는 속설이 있습니다. 병원에서 쓰는 영양제는 치료용으로 쓰는 영양제이고, 약국용 영양제는 '일반의약품'과 '건강보조식품'으로 나눌 수 있습니다. 따라서 영양제를 용도에 따라 골라 쓸 수 있습니다.

'봄이 되면 영양소가 더 필요하다.'는 속설도 있는데, 계절에 따라 꼭 그런 것은 아닙니다. 계절보다는 개인의 상태나 건강에 따라 영양소가 필요한 경우 영양제를 챙기는 것이 더 바람직합니다.

04
내 딸,
내 아들 바르게 키우기

"너는 딸이잖아. 좀 얌전히 좀 있어!"

"어허, 사내 녀석이 울면 어떻게 해!"

알게 모르게 우리 아이들에게 '딸이라서', '아들이라서' 바라는 것들이 있다. 딸은 아무래도 좀 얌전하고 조용하기를, 아들은 아무래도 좀 씩씩하고 의젓하기를 은연중에 바라는 것이다. 그런데 과연 이렇게 키우는 게 내 딸, 내 아들을 바르게 키우는 걸까?

아들 같은 딸, 딸 같은 아들?

"남다른 취향을 가진 딸 아이 때문에 걱정이에요. 블록과 레이싱 차만 가지고 놀고 친한 친구도 모두 남자아이예요. 혹시 내 딸 안에 남자가 있나요?"라고 걱정하는 엄마.

"우리 아들은 너무 여자애 같아 큰일이에요. 여자애들이랑 인형 놀이를 하지를 않나, 여자애들이 좋아하는 애니메이션을 좋아하지를 않나. 혹시 내 아들 안에 여자가 있나요?"라고 걱정하는 엄마.

이렇게 아들 같은 딸, 딸 같은 아들 때문에 걱정하는 부모가 의외로 많다. 하지만 아직 사춘기가 오지 않은 미취학기 아동은 성 정체성을 고민할 필요가 없다. 대부분의 아이가 사춘기가 되어야 성에 대한 정체성이 생기기 때문이다. 그 전에는 아이가 여성, 남성에 맞는 행동을 하지 않아서 걱정하기보다는 사람들 사이에서 일어나는 문제를 잘 해결하는지를 보는 것이 더 바람직하다.

더불어 만약 딸이 지나치게 아들처럼 행동하려고 한다면 혹시 부모의 태도가 아이에게 영향을 준 것은 아닌지 되짚어 볼 필요가 있다. 사실 부지불식중에 어른들의 태도가 아이에게 영향을 주는 경우가 많다. 예를 들어 '너는 남자로 태어났어야 해.'라는 말을 듣고 자란 딸이라면 스스로가 '나는 남자아이'이기를 바란다는 말이다.

전통적인 성 개념을 강요하는 사회

주위를 살펴보면 알게 모르게 여성성과 남성성을 구분 지어 놓은 경우가 많다. 화장실 들어가기 전에 볼 수 있는 '남자 화장실'과 '여자 화장실'을 표시하는 그림 역시 파란색이나 남색은 남자, 분홍색이나 붉은색은 여자를 의미한다.

그리고 남자아이들의 교복은 바지, 여자아이들의 교복은 치마와 같은 식으로 겉으로 보이는 것에서 성을 구분하기도 한다. 또한 남자의 직업은 건축가·군인·파일럿과 같이 활동적이고 힘이 필요한 것을 떠올리는 반면, 여자의 직업은 미용사·요리사·원예사와 같이 섬세하고 정적인 것을 떠올리기도 한다. 이는 오랜 세월 강요되어 온 전통적인 남성성과 여성성의 표현이다.

전통적인 남성성은 용기·모험 등을 강조하고, 전통적인 여성성은 배려·조신 등을 강조한다. 우리 사회에서는 오랜 기간 동안 이러한 사고를 당연한 것으로 받아들여 왔다. 만약 전통적인 남성성에서 벗어난 남자아이가 있으면 꾸짖고 나무랐고, 전통적인 여성성에서 벗어난 여자아이가 있으면 질책하고 곱지 않은 시선으로 바라보았다.

때문에 여자아이들에게는 분홍색 옷을 입히고, 인형을 가지고 놀기를 권하고, 남자아이들에게는 파란색 옷을 입히고, 로봇을 가지고 놀기를 권한다. 그러나 '여자는 분홍 vs 남자는 파랑'과 같은 이분법적 사고는 위험하다. 전통적인 남성성과 여성성을 우리 아이들에게 가르치는 것은 바람직하지 않다. 한쪽에 치우치면 문제가 생긴다.

양성성을 가르치는 나라

지금은 남성다움, 여성다움이 아닌 양성성을 교육해야 한다. 양성성이 잘 발달한 사람은 리더십이 있고 독립심이 강하다. 따라서 '남자아이라면 이래야지!', '여자아이라면 이래야지!'와 같은 성 정체성을 강요하지 않아야 한다. 성에 대한 고정관념은 버리고 균형 잡힌 양성성을 가르치는 것이 필요하다.

실제로 IT 강국으로 부상하는 스웨덴에서는 유치원에서부터 성에 대한 고정관념을 깨는 교육을 한다. 유치원 교사의 남녀 비율부터 50:50으로 유지하고 있고, 아이들에게 읽어 주는 동화책도 『백설 공주』나 『신데렐라』 같은 공주가 나오는 이야기보다는 가르침을 줄 수 있는 책들 중에서 고른다. 이렇게 스웨덴의 아이들은 어려서부터 성 역할에 대한 고정관념 없이 놀이를 즐기고, 감정을 표현하는 교육을 받으며 자란다. 스웨덴 교육자들은 이런 열린 교육이 창의성에 긍정적 영향을 주고 직업관이 확장된다고 본다.

미국의 교육심리학자인 엘리스 폴 토런스(Ellis Paul Torrance)는 누가 가르쳐 주지 않아도 사물을 이리저리 조작해 보고 새로운 것을 탐구하는 어린이들의 성향이 창의성의 기초가 된다고 보고 다양한 연구를 했다. 그 중 한 실험에서 아이들에게 간호사 구급상자, 소방차 완구 등의 장난감을 나눠 준 후 그것들을 더욱 재미있게 가지고 놀 수 있는 아이디어에 대해 생각해 보도록 했다. 대부분의 남자아이는 소방차 완구에는 관심을 보였지만 간호사 구급상자에 대해선 "나는 남자니까 이런 것들을 가지고 놀지 않아요!"라며 거들떠보지도 않았다. 하지만 창의성이 높은 남자아이들은 이를 요리조리 만져 보면서 여러 가지 개선점을 생각해 냈다.

토런스는 이런 연구 후에 '양성성을 갖춘 아이들이 더 창의적이고 건강한 사회성을 갖는다.'는 결과를 발표했다. 그리고 흔히 여성이 갖추어야 할 덕목으로 여겨지는 감수성과, 남성이 갖추어야 할 덕목으로 여겨지는 독립성이 균형을 이룰 때 창의성이 최대한 발휘될 수 있다고 주장했다.

전형적인 남성다움과 여성다움의 장점을 골고루 갖춘 인성을 말한다. 남성성과 여성성을 공유하여 성격과 행동이 기존의 성 역할에 얽매이지 않은 건강하고 적응력이 좋은 성격을 의미한다.

양성성의 시대를 준비해야 한다

양성성을 키우기 위해서는 먼저 전통적인 성 덕목에서 자유로워져야 한다. 남자아이들에게는 '씩씩함', '독립심'을 지나치게 강요하지 말고 유동적으로 사고하고 섬세하게 느낄 수 있는 감수성을 키울 수 있게 도와줘야 한다. 그리고 여자아이들에게는 여자다움을 강요하지 말고, 사회적으로 유능한 여성들에 대한 이야기를 해 준다. 잔 다르크, 유관순 등 위대한 업적을 남긴 여자에 대한 이야기를 해 주거나 신문이나 잡지 등에서 여성의 업적을 스크랩해서 보여 준다.

엄마와 함께 다양한 역할 놀이를 해 보는 것도 양성성을 균형 있게 키우는 데 도움이 된다. 소꿉놀이나 인형 놀이를 통해 용감한 여성 소방관, 섬세한 남성 미용사 등 다양한 역할 놀이를 하며 여러 역할을 편견 없이 받아들이게 할 필요가 있다. 성 역할의 구분이 아닌 양성성을 균형 있게 길러 주는 것이 중요하다.

만약 아이가 너무 여성스럽고, 너무 남성스럽다면 생각의 변화를 가져올 수 있도록 유도해 줄 필요가 있다. 예를 들어 너무 여성스러운 아이라 분홍색 옷만 고집한다면 "분홍색도 예쁜데 지난번에 파랑색 입었을 때도 엄청 예쁘던데?"라고 이야기해 준다. 그리고 너무 남성스러운 아이라 자동차만 가지고 놀려고 한다면 엄마가 함께 인형 놀이를 하면서 "우리 아들은 인형 놀이도 잘하네?"라고 격려해 주면 좋다.

이제 전통적인 남성성, 여성성이 아닌 양성성이 필요한 시대가 되었다. 남성성만으로, 여성성만으로 살아가기보다는 둘 다 가진 사람이 필요하기 때문이다. 아이들에게 '남자다운 남자', '여자다운 여자'로 강요하지 않고 양성성을 높여 주는 것이야말로 남자·여자가 아닌 한 인간으로서의 자존감과 행복을 열어 주고, 나아가 미래 사회가 원하는 창의적 인재로 키우는 일임을 잊지 말아야 한다.

Q. 6살 딸아이인데 어느 날 성기를 만지며 자위행위를 하는 것을 봤어요. 너무 놀랐는데 어떻게 대처하는 게 좋을까요?

A. 당황해서 아이를 나무라거나 과하게 반응하면 좋지 않습니다. 오히려 '왜 그런 행동을 하는지? 그런 행동을 하면 어떤지?'를 물어보는 것이 좋습니다. 부모가 당황하거나 '성적인 문제'로 해결하려고 하면 좋지 않다는 의미입니다. 아이와 자연스럽게 솔직하게 대화를 나누어 보세요.

엄마: "엄마가 종종 네가 성기를 만지는 걸 본 적이 있는데 왜 그런 거야?"

딸: "그냥!"

엄마: "그랬구나. 네가 그 행동을 하면 마음이 편해?"

딸: "응, 그런 것 같아."

엄마: "왜 그런 것 같아?"

딸: "글쎄 할 게 없어서."

엄마: "할 게 없으면 엄마와 이야기를 나누면 어떨까?"

사춘기 이전의 어린아이가 자기의 성기를 만지는 것은 사춘기 이후의 아이가 자기의 성기를 만지는 것과는 전혀 다릅니다. 2차 성징기가 시작되는 사춘기를 기준으로 그 이전과 이후는 완전히 다릅니다. 그러므로 성적인 행동을 한다고 해서 같은 개념으로 받아들이면 곤란합니다. 원인도 다르고 바라보는 관점도 다르게 봐야 합니다.

오히려 아이가 자위에 몰두하는 숨은 이유를 찾아봐야 합니다. 대부분의 아이는 자신의 행동이나 문제를 100% 얘기하지 않습니다. 따라서 부모가 아이를 잘 관찰하면서 아이의 마음을 읽어야 합니다.

예를 들어 감각 자극 중 촉각을 통해 내적 불안이나 갈등을 해소할 수 있습니다. 촉각 중 가장 예민한 부분이 성기와 아랫입술이라 자신의 촉각으로 마음을 표현하는 것이지요. 때문에 손가락을 빠는 일처럼 성기를 만지면서 내적 불안을 없앤 것으로 볼 수 있습니다.

05
성범죄로부터
우리 아이를 지켜라

"○○ 지역에서 초등학생 A양이 실종 16시간이 지난 뒤 버려진 창고 인근에서 싸늘한 주검으로 발견되었습니다. A양은 목 주변이 흉기에 찔린 상태로 발견되었는데, 잡힌 범인은 이웃 주민 B씨였습니다. B씨는 A양을 상대로 성폭행을 하려다가 살해한 것으로 밝혀져 전 국민을 충격에 빠뜨렸습니다."

연일 무서운 범죄 소식이 들려오는데 그 중 성범죄가 차지하는 비율도 만만치 않아 충격을 준다. 특히 아동에게 가해지는 아동 성범죄는 아이를 둔 부모라면 절대 일어나서는 안 될, 일어나지 않았으면 하는 일 중 1순위에 해당될 것이다.

누구에게나 위험한 성범죄

여성가족부가 한국여성정책연구원에 의뢰해 2015년 아동·청소년 대상 성범죄 신상정보 등록 대상자의 성범죄 동향을 분석하였다. 조사 대상은 2015년 1·12월에 유죄 판결이 확정된 신상정보 등록 대상자 3,366명이었다. 조사 결과 아동·청소년 대상 성범죄 가해자는 98.8%가 남성으로, 연령은 20대(24.7%)와 40대(20.2%)가 30대(18.6%)와 50대(13.4%) 등에 비해 약간 높았다. 직업은 무직인 경우가 28.9%로 가장 많았으며, 사무관리직(15.2%)과 단순노무직(15.0%)이 뒤를 이었다. 전문직과 교사도 각각 110명과 35명으로 전체 가해자의 3.3%와 1.0%를 차지했다. 피해자의 절대다수는 여성과 아동·청소년이었는데, 이 중에는 13세 미만 아동도 22.7%나 되었으며, 6세 이하의 영·유아 성범죄 피해자가 117명에 이르는 것으로 조사되었다.

하지만 안타깝게도 언론에 알려지는 성범죄는 빙산의 일각이다. 성범죄일 경우 피해자가 '쉬쉬' 하여 드러나지 않는 경우도 있고, 가해자의 강압적인 태도로 말하지 못하고 묻힌 경우도 있기에 실제로 일어나는 성범죄는 알려진 것보다 많을 것으로 보인다.

성범죄는 강간뿐만 아니라 유사 성행위, 성추행, 원하지 않는 성 동영상 보여 주기 등까지 포함된다. 아이들을 키우면서 조심해야 할 것은 성범죄에 대한 잘못된 편견을 갖지 않도록 해야 한다는 것이다. 많은 사람이 성범죄 뉴스를 자주 접하면서도 다른 세상일이라고 여기는 경향이 많다. 그러나 성범죄는 누구에게나 위험하고 누구에게나 치명적인 상처를 줄 수 있다.

성범죄에 대한 잘못된 편견

1. 성인 성범죄와 아동 성범죄는 같다.

아니다! 성인 성범죄와 아동 성범죄는 다르다. 아동이 행위를 거부하지 않아도 성 폭력으로 인정된다.

2. 성범죄는 여자만 위험하다.

아니다! 성범죄, 더 이상 여자만 위험한 것은 아니다. 성폭력의 위험 앞에 아들, 딸 모두 노출되어 있다.

3. 성범죄자는 한눈에 봐도 알 수 있다.

아니다! 성범죄자는 평범한 모습인 경우가 더 많다.

아동 범죄자들의 행동 패턴 10가지

「EBS 다큐프라임」에서 아이들을 대상으로 몇 가지 실험을 하였다. 아이들에게 낯선 사람이 다리를 다쳤다며 도와 달라고 한 것이다. "얘야, 아저씨가 다리를 다 쳐서 그러는데 아저씨 차에서 물건 좀 꺼내 줄래?" 이렇게 이야기하면 대부분의 아이가 "네!" 하고는 도와주는 결과가 나왔다. 만약 이 아저씨가 성범죄를 저지르 려는 나쁜 마음을 먹은 사람이었다면 아찔한 결과가 아닐 수 없다.

물론 일반적으로 아픈 사람을 도와주는 것은 올바른 일이다. 하지만 아픈 사람 이라도 어른이 아이에게 도와 달라고 하는 것은 일반적이지 않다. 때문에 아이에게는 "아픈 사람을 도와주는 것은 맞는 일이야. 하지만 좋은 어른은 아이에게 도움을 청하지 않는단다. 그러니 돕더라도 주변 사람들과 함께 도와야 해. 알았지?"라고 평소에 인지시키는 게 반드시 필요하다.

성범죄를 포함한 아동 범죄자들은 겉으로는 전혀 범죄와 관련이 없을 것처럼 행동한다. 오히려 더 친절한 경우가 많다. 아동 범죄자들의 행동 패턴에 대해 연구한 미국의 예방교육 전문가인 켄 우드 교수는 이들에게 10가지 행동 패턴이 있다고 분석했다.

① 애정을 표현한다.

"너 정말 귀엽게 생겼구나." 자신에게 친절하고 상냥하게 이야기하는 어른에게 아이들은 쉽게 마음을 연다.

② 도움을 요청한다.

"이 물건 좀 들어 줄래?" 어려운 사람을 보면 도와야 한다고 교육을 받아 왔기에 아이들은 쉽게 도움을 거절하지 못한다.

③ 애완동물을 이용한다.

"강아지가 아픈데 좀 봐 줄래?" 귀여운 동물을 이용해서 경계심을 무너뜨리고 관심을 다른 데로 돌린다.

④ 선물을 이용한다.

"지금 경품 행사 중이야. 이름 알려 줄래?" 선물을 준다고 하면 선물에 혹해서 아이들은 이름, 주소 등을 쉽게 알려 준다.

⑤ 위급 상황임을 이용한다.

"큰일 났어! 지금 엄마가 아프신데 빨리 같이 가자." 위급 상황이라고 이야기해서 아이가 생각을 제대로 할 수 없게 만든다.

⑥ 장난감이나 게임을 이용한다.

"새로 나온 게임기가 있어. 같이 보래 갈래?" 아이가 관심을 가질 만한 장난감이나 게임 등으로 아이를 유혹한다.

⑦ 친근한 이름을 이용한다.

"아저씨 알지? 아빠 친구잖아." 가족이 아는 사람이라고 가장해서 아이의 경계를 풀게 만든다.

⑧ 놀이 친구임을 가장한다.

"너 심심하지? 같이 놀까?" 노는 것을 좋아하는 아이에게 친절한 척 다가가며 환심을 얻는다.

⑨ 온라인 채팅을 이용한다.

"안녕? 나 너네 동네 아는데 거기서 볼까?" 온라인 상에서 친분을 유지하다가 실제 상황에서 만날 것을 제안한다.

⑩ 권위를 사용한다.

"어른이 따라오라면 따라오는 거지! 말 안 들을래?" 어른을 무서워하는 아이의 마음을 이용해 강압적으로 유인한다.

아동 성범죄를 막는 역할 놀이

엄마: "자. 지금 엘리베이터를 기다리고 있어. 우리 딸이 타려는데 낯선 아저씨가 같이 타려고 옆에 있으면 어떻게 하면 좋을까?"

아이: "음, '안녕하세요.'라고 인사할래요."

엄마: "그리고? 같이 타는 게 좋을까? 낯선 아저씨라 좀 무섭지 않아?"

아이: "음, 그럴 수도 있을 거 같아요."

엄마: "그래, 그럴 때는 '아저씨 먼저 올라가세요. 저는 아빠 오면 같이 갈게요.'라고 얘기하는 것도 좋단다."

아이: "아, 그렇구나."

아동 성범죄의 피해자가 되지 않으려면

아동 성범죄자들은 어떻게 하면 아이를 꾀어낼까를 고민하므로 자칫해서는 그들의 수법에 넘어가게 된다. 따라서 아이들에게 무작정 "낯선 사람은 따라가지 마."라고 얘기하는 것보다 "이럴 때는 어떻게 하겠니?"라고 여러 가지 상황에서의 역할 놀이를 해 보는 것이 좋다. 그래야 위기 상황이 닥쳐도 잘 대처할 수 있다.

뿐만 아니라 낯선 사람이 아니라 면식범이 성범죄를 저지를 수 있음을 아이에게 가르쳐야 한다. 2013년 통계청 조사에 따르면 아는 사람에 의한 성폭력이 83.2%에 달하는 것으로 나왔다. 이웃·친척 등이 성범죄를 저지르기도 하는데, 이런 범죄는 오랜 기간 지속되는 경우가 많다. 그리고 많은 성범죄자가 '비밀'을 지켜야 한다고 피해자를 협박하므로 아이에게 나쁜 비밀은 지킬 필요가 없다고 반드시 얘기해 줘야 한다.

또한 아동 성범죄가 가장 많이 발생하는 시간은 낮 12시부터 저녁 6시 사이로 성범죄자들이 부모가 없는 시간대를 노리는 것을 알 수 있다. 사실 성범죄자는 어른에 국한하지 않는다. 같은 또래가 범죄를 저지르기도 한다. 2015년 해바라기아동센터의 조사에 따르면 아동 간에 일어난 성폭력이 29%에 달하였다. 유치원 아이들 중에도 처음에는 성적인 장난으로 시작했다가 지나치게 성적인 수치심을 유발하는 나쁜 일로 연결된 경우가 있었다. 왜냐하면 3~6세의 유아기는 성적인 호기심이 생기는 시기이기 때문이다.

아동 성범죄가 가장 많이 발생하는 장소는 피해자의 집으로 조사되었고, 둘째로 많이 발생하는 장소는 학교나 학원, 그 다음은 가해자의 집으로 나타났다. 따라서 아이가 다니는 어린이집이나 학원의 화장실이 남녀로 각각 나뉘어져 있는지도 확인해야 할 필요가 있다. 안전하다고 생각되는 시간에, 안전하다고 생각되는 사람이 범죄를 저지를 수 있기 때문이다. 스스로 늘 조심해야 성범죄에서 안전할 수 있다는 것을 아이에게 가르쳐야 한다.

아동 성범죄를 막는 교육

엄마: "우리 아들, 친구들과 노는 거 좋아하지?"

아이: "네!"

엄마: "친구들과 놀다 보면 서로 옷을 잡아당기기도 하고 몸이 닿기도 하잖아."

아이: "맞아요. 오늘도 잡기 놀이하다가 친구 바지를 벗길 뻔했어요. 하하해!"

엄마: "저런! 그 친구 많이 놀랐겠구나."

아이: "놀라요?"

엄마: "그럼, 얼마나 놀랐을까? 친구들 앞에서 무척 부끄러웠을 거야. 자기 몸이 원하지 않게 보이는 거잖아."

아이: "아, 그랬겠구나. 놀랐겠어요."

엄마: "그래. 그러니 앞으로는 절대 그러지 말아야 해. 다른 친구의 몸은 그 친구의 거니까. 알았지?"

아이: "네!"

아동 성범죄의 가해자가 되지 않으려면

성범죄의 피해자가 되지 않는 것도 중요하지만 가해자도 되지 않아야 한다. 특히 가해자가 되지 않기 위해서는 교육이 중요한데, 실제로 일어난 사례를 많이 다루어 주어야 한다. "이런 일도 성범죄에 해당해. 어떻게 대처해야 할까?" 등과 같이 사례를 함께 살펴보는 게 좋다.

미국에서는 각자의 몸은 각자의 것이고 서로의 공간을 침해하지 않아야 한다고 가르친다. 포옹을 할 수는 있지만 그게 불편하다면 그건 잘못된 것이라고 이야기한다. 누군가가 자신의 경계를 허물었을 때는 불쾌감을 표시해야 한다고 말이다. 나아가 그것이 지켜지지 않았을 때는 부모나 선생님에게 이야기해야 한다고 가르친다.

하지만 우리나라에서는 아직 그러한 인식이 부족하다. 따라서 유아기 때부터 제대로 교육을 해야 한다. 성적으로 만지는 것이 어떤 것인지, 일반적으로 만지는 것이 어떤 것인지 알 수 있도록 가르쳐 줘야 한다. 예를 들어 "수영할 때 왜 수영복을 입고 들어갈까? 수영복에 가려진 부분은 나만 만질 수 있는 소중한 부분이기 때문이란다."라고 알려 주면 좋다.

자신의 몸과 마음을 소중하게 여기는 만큼 다른 사람의 몸과 마음을 소중하게 여기도록 아이에게 가르쳐 준다. 아동 성범죄의 피해자가 되어도, 가해자가 되어도 그 상처는 오랫동안 남을 수밖에 없다. 상처 받지 않도록 미리 교육하고 미리 다독이는 지혜가 필요하다.

Q. 딸아이가 얼마 전에 길에서 바바리맨(성도착증 환자)을 만났다며 울면서 집에 들어왔는데, 달래고 넘어갔어요. 괜찮을까요?

A. 아이가 많이 놀랐겠어요. 우선 아이를 잘 달랜 다음 지속적으로 관찰해 볼 필요가 있습니다. 왜냐하면 바바리맨을 만난 것이 충격이나 스트레스로 남아 있다면 외상후 스트레스 장애로 이어질 수 있기 때문입니다. 더불어 경찰서나 구청에 신고해서 위험 요소를 차단해야 합니다.

아이에게 앞으로 또 그런 사람을 만나면 어떻게 해야 하는지 대처법을 가르쳐 주는 게 좋습니다. 이런 사람을 만났을 때는 가장 가까운 편의점으로 달려가거나 "아빠!"라고 외치는 게 가장 좋다고 알려 주세요.

또한 아이의 소지품에 이름이나 전화번호를 써 두는 경우가 많은데, 이름이나 전화번호는 눈에 잘 띄지 않는 곳에 적는 게 좋습니다. 왜냐하면 아이의 개인정보가 위험에 노출될 수 있기 때문입니다. 그리고 아이를 저녁에 심부름 보내는 것은 조심해야 합니다.

PART 4

아이의 미래와
소통하기

천 리 길도 내 아이 한 걸음부터!

"

'내 아이는 자라서 무엇이 될까?' 생각하면 두근두근 기대가 되고 궁금한 것이 부모의 마음이다. 또한 좀 더 좋은 미래를 아이에게 만들어 주고 싶어 "책 읽어라!", "공부해라!", "꿈을 가져라!" 잔소리를 하는 것도 부모의 마음이다. 자기만의 꿈을 가지고 평생을 살아가길 바라는 것 역시 부모의 마음이다. 한 걸음, 한 걸음 차근차근 밟아 만들어 갈 내 아이의 멋진 미래, 어떤 것을 부모가 함께 준비하면 좋을지 고민해 보자.

"

01
올바른
독서 습관을 들여라

"우리 아이는 책을 너무 안 읽어요! 어휴!"

"그래요? 우리 애는 만화책만 읽어요."

"휴, 우리 아이는 책 읽느라 다른 건 완전 엉망이에요."

아이들이 각양각색인 것처럼 책과 관련된 고민도 각양각색이다. 대부분의 부모는 과연 어떻게 하면 우리 아이가 올바른 독서 습관을 갖고 책과 친하게 지낼 수 있을까 고민을 한다.

안 읽어도 걱정! 많이 읽어도 걱정!

"좋은 책을 읽는다는 것은 과거의 가장 훌륭한 사람들과 대화하는 것이다."는 철학자 데카르트의 말처럼 책은 좋은 마음의 양식이 되어 준다. 때문에 많은 위인이 자신의 성공 비결로 '독서'를 꼽았고, 많은 부모가 '독서'가 아이의 취미가 되길 바란다. 하지만 책 읽는 습관이 들지 않아서, 또는 책 읽는 습관이 잘못 들어서 고민하는 부모도 많다.

문화체육관광부에서 우리나라 국민 독서 실태를 조사한 바에 따르면, 초등학생 때는 1년에 70권 정도를 읽지만, 중학생 때는 20권에 못 미치게, 고등학생 때는 9권에 못 미치게 책을 읽는 것으로 나타났다. 초등학생 때까지는 그나마 책을 읽다가도 중학생, 고등학생이 되면서 책과 점점 멀어지는 것으로 조사되었다.

초등학생	중학생	고등학생	성인
70.3권	19.4권	8.9권	9.1권

▲ **우리나라 국민 독서 실태 조사**(문화체육관광부, 2015)

책을 한 권도 읽지 않아 엄마가 어르고 달래야 겨우 한 권을 집어 드는 아이가 많다. 아니면 만화책과 같이 자기가 보고 싶은 책만 보는 아이도 많다. 하지만 이런 아이들과는 상반되게 책을 많이 보는 아이도 문제가 된다. 책을 읽느라 옷을 거꾸로 입기도 하고 밥을 먹을 때도 흘리기 일쑤인 아이도 있는데, 이 아이도 제대로 책을 보는 것은 아니기 때문이다.

"아니, 책은 많이 보면 많이 볼수록 좋은 거 아닌가요?"라고 말할 수 있다. 하지만 책을 게임이나 스마트폰으로 바꿔 생각하면 책을 지나치게 많이 보는 것도 문제가 있다고 느낄 것이다. '과유불급'이라는 말처럼 지나치면 문제가 된다. 따라서 책에 과몰입된 상태 역시 나쁘다.

이렇게 과하게 책을 읽는 경우에는 제대로 책을 읽지 않을 수도 있다. 책이라는 것은 읽고 나서 텍스트를 받아들이는 것뿐만 아니라 그것에서 교훈을 얻고 추론하고 확장하는 사고가 필요하다. 예를 들어 『토끼와 거북』을 읽고 그것의 내용만을 아는 것이 아니라 '끝까지 열심히 노력해야 한다.' 등의 교훈을 얻고 자신의 처지에 맞추어 고민해 보는 과정이 뒤따라야 한다. 이러한 과정이 없다면 진정한 의미의 책 읽기라고 할 수 없다.

뿐만 아니라 책을 읽는 것에만 집중하여 밥을 먹고 옷을 입는 것과 같은 일상적인 생활이 안 되거나, 사회생활이 제대로 되지 않고 교우 관계가 원활하지 않다면 그건 문제일 수밖에 없다. 일에는 '우선순위'가 있다. 지금 해야 할 일을 먼저 하고 책을 읽어야 한다는 의미이다. 학교에서 체육 시간에는 친구들과 운동장에서 뛰어 놀아야지 '빨리 책이나 읽으면 좋겠다.'라고 생각해서는 안 된다는 것이다.

아이들이 책을 너무 읽지 않아도, 너무 많이 읽어도 문제가 된다. 자라는 과정에서 필요한 생활을 충분히 하면서 책도 읽을 수 있어야 아이들이 균형 잡힌 생활을 하며 잘 성장할 수 있기 때문이다.

독서 조기 교육 열풍

실제로 우리나라에서는 독서 조기 교육 열풍이 불었다. 그래서 어린아이가 책을 끼고 살다시피 하는 것을 보고는 '독서 영재', '독서 천재'라는 말을 하는데 이것은 옳지 않은 개념이다. 과도한 독서는 '초독서증'으로 이어질 수 있다.

초독서증의 기준은 아이가 언어적 능력이 획득되지 않은 상태에서 책을 텍스트로만 읽는 것을 말한다. 뜻을 알지도 못하면서 글자만 기계적으로 읽는 것에서 문제가 생긴다. 내용을 이해하지 못하면서 어려운 책을 읽는다고 좋아하는 것은 아이에게 좋지 않다. 아이가 책을 빨리빨리 읽어 내는 것 역시 올바른 독서가 아닐 수 있다.

실제 OECD 국가 중 언어 능력이 가장 발달한 나라가 핀란드인데, 이 나라에서는 8세 이전에 글자 교육을 하는 것을 부정적으로 생각한다. 문법과 철자를 익히는 데 사용되는 좌뇌는 3세 이후에 발달하기 시작해서 7세 때 본격적으로 발달한다. 그러므로 글자를 배울 수 있는 최적기를 7세 이후로 본다. 다시 말해 7세 이후에 글자를 가르치면 아이는 더 빨리 더 즐겁게 글자를 배울 수 있다.

반대로 너무 이른 나이에 글자를 익힌 아이는 상상력을 키우는 즐거움을 빼앗길 수 있다. 더구나 우뇌는 6세 이후부터 퇴보하기 시작하는데, 6세 이전에 우뇌 발달을 충분히 시키지 않으면 발달 시기를 놓칠 수 있다. 따라서 7세 이전에는 글자를 읽고 책을 읽는 좌뇌보다 대근육을 발달시키고 사회성을 키우고 감정과 감각을 배우는 우뇌를 발달시키는 감각 자극을 주는 게 좋다. 그러기 위해서 어린아이들은 뛰어놀고 몸으로 쓰는 활동을 하는 것이 우선되어야 한다.

초독서증이란?

뇌가 미성숙한 아이에게 문자를 과도하게 주입한 결과, 의미는 모르면서 기계적으로 문자를 암기하게 된 증세를 의미하는 의학용어이다. 한 가지 자극에만 편중해 감각을 추구하다 보니 감각 자극의 불균형이 나타날 수 있다.

지나치게 책 읽는 아이에게 효과적인 독서 방법

다른 활동은 등한시하고 지나치게 책을 읽는 아이라면 부모가 중재 역할을 할 필요가 있다. 책을 읽는 것도 좋지만 그것이 지나치다면 '제대로' 할 수 있게 도와줄 필요가 있다.

하나, 다독보다는 독서를 통한 상호 작용이 중요하다!

책을 '많이' 읽는 것보다 책을 읽고 다른 사람과 '소통'할 수 있게 하는 것이 필요하다. 책을 읽고, 읽고, 또 읽는 것으로 끝내는 것이 아니라 그 책을 읽고 어떤 느낌이었는지, 어떤 생각이었는지를 함께 나눈다. 관심 있는 책을 뽑아 지도를 그리게 하는 것도 좋은 방법이다.

둘, 좋아하는 책을 중심에 놓고 관심 영역을 넓혀 나가게 한다!

책을 좋아하는 아이에게 억지로 책 이외의 것을 강요하면 그것 역시 스트레스일 수밖에 없다. 차근차근 아이가 관심을 넓혀 갈 수 있도록 좋아하는 책을 중심에 놓고 관심 영역을 넓혀 나가게 할 필요가 있다. "우리 아들은 책을 정말 좋아하는구나. 엄마도 책이 좋아. 그런데 다른 것은 어떤 게 좋아?"라고 자연스럽게 질문을 던지며 아이와 소통을 한다.

셋, 책을 읽는 것에 끝나지 않고 자기 것으로 만들어야 한다!

책을 읽는 이유는 단지 글자를 읽기 위한 것이 아니다. 책 속에 담긴 정보를 습득하고 작가의 생각이나 가치관을 받아들이기 위한 것이다. 따라서 책을 지나치게 빨리 읽고 '다 읽었다.'라고 느끼지 않도록 엄마가 옆에서 도와줄 필요가 있다. 책을 함께 읽으면서 대화를 나누는 것도 좋다. "우아, 여기서 토끼가 화가 났네. 왜 그랬을까?"처럼 등장인물의 감정을 이야기하게 하는 것도 좋은 방법이다. 이렇게 하다 보면 아이는 책을 읽으면서 잠시 멈춰 생각하고 질문하는 법을 알게 될 것이다.

책을 안 읽는 아이에게 효과적인 독서 방법

학교에 들어가기 전의 어린아이라면 책을 읽는 것이 즐겁고 재미있는 일이라는 것을 느끼게 해 주는 것이 중요하다. 책 자체에 흥미를 느껴야 계속해서 읽을 수 있기 때문이다.

하나, 아이가 좋아하는 것에서 책으로 끌어온다!

책을 썩 좋아하지 않는 아이라면 "책 읽자!"는 말에도 거부감이 들 수 있다. 이럴 때는 아이가 좋아하는 것에서 시작하는 것이 바람직하다. 예를 들어 야구를 좋아하는 아이라면 야구 관련 책을 읽게 하고, 강아지를 좋아하는 아이라면 함께 강아지 도감을 살펴보거나 강아지가 주인공으로 나오는 책을 읽는 것이 그 시작이 될 수 있다.

둘, 실제 생활에 어떻게 적용할지 창의적으로 생각하게 한다!

독서는 입체적으로 해야 한다. 단지 책을 읽고, "재미있었어?"라고만 끝내지 말고 "와, 이럴 때는 어떻게 하는 게 좋을까?", "친구와 이렇게 싸웠을 때는 우리 딸은 어떻게 할 것 같아?"와 같이 실제 생활에 어떻게 적용할지를 함께 이야기해 보는 것이 좋다. 이러한 과정에서 아이는 책을 읽는 것에 재미를 느낄 수 있다.

셋, 부모가 책을 읽어 준다!

같은 이야기라도 아이가 혼자 읽는 것과 부모가 읽어 주는 것을 듣는 것은 많은 차이가 있다. 특히 아직 글자를 모르는 아이라면, 아직 읽는 것에 서툰 아이라면 부모가 다정하게 책을 읽어 주는 것이 정서적 교감에도 매우 중요하다.

넷, 책을 가까이할 수 있는 환경을 만든다!

책을 가까이하기 위해서는 책을 접할 수 있는 환경을 만드는 것이 필요하다. 아이의 눈길이 가거나 생각이 나면 바로 책을 펼쳐 볼 수 있도록 손이 닿는 곳에 책장을 두는 것이 좋다.

다섯, 아이가 흥미를 가질 책을 선택한다!

아이의 연령이나 흥미 등을 고려하여 좋아할 만한 책, 관심을 가질 만한 책을 선택하는 것이 필요하다. 아이와 함께 도서관이나 서점에 가서 직접 책을 고르는 것도 좋은 방법이다. 뿐만 아니라 다독보다는 독서를 통한 상호 작용이 중요하다는 것을 잊지 말고 함께 이야기를 나누고 소통해야 함을 잊지 말아야 한다.

Q. 책을 읽으라고 강요한 적이 없는데, 저희 아이는 친구들과 놀지도 않고 하루 종일 책만 읽어요. 왜 그런 걸까요? 아이의 마음이 궁금해요.

A. 책은 쉽게 통제할 수 있는 미디어입니다. 보고 싶을 때 펴고, 보고 싶지 않을 때 덮으면 되니까요. 이렇게 자신이 통제할 수 있는 미디어인 책으로 아이가 도피했을 수도 있습니다. 인간관계에 불안함을 느끼기 때문에 책에 빠졌을 수 있다는 의미입니다. 다양한 사람을 만나기보다는 여러 권의 책을 읽는 게 더 편하기 때문입니다. 따라서 아이의 대인 관계에 문제가 있지는 않은지 검토해 봐야 합니다.

뿐만 아니라 친구들은 만나지 않고, 책에 지나치게 빠진 경우에는 사회적 관계를 맺는 회로에 오류가 있는 경우가 있습니다. 사람의 정서에 대해서 무감각한 경우가 있기 때문에 세심한 관찰이 필요합니다.

아직 아이가 어린데 밤늦게까지 책을 읽는다면 "지금은 자야 할 시간이야."와 같은 부모의 중재가 필요합니다. 책을 보는 시간이나 책을 읽는 권수 등을 아이와 미리 이야기해서 정하는 것이 좋습니다.

더불어 아이가 책 외에 할 수 있는 것을 해 보도록 유도할 필요가 있습니다. "엄마랑 같이 줄넘기 할까?"처럼 노는 방법을 가르쳐 주는 것도 좋습니다. 아니면 읽은 책에서 행동으로 이어질 수 있는 것을 찾는 것도 좋습니다. 『토끼와 거북』을 읽었다면 "우리 거북이 실제로 보러 한 번 가 볼까?"처럼 권해 보는 거예요.

02
꿈을 향해 나아가는
아이로 키워라

"넌 꿈이 뭐니?"

"……."

"응? 왜 꿈이 없어? 되고 싶은 게 없어?"

"……."

아이가 딱히 되고 싶은 게 없다고 말한다면? 부모는 가슴이 철렁한다. 애지중지 키운 내 아이가 아무 꿈이 없다면 어떻게 하나 걱정이 되기 때문이다.

꿈이 사라진 아이들

"승자의 주머니 속에는 꿈이 있고, 패자의 주머니 속에는 욕심이 있다."는 『탈

무드』의 말처럼, "꿈을 계속 간직하고 있으면 반드시 실현할 때가 온다."는 괴테의 말처럼 꿈은 현실보다 나은 삶을 이루고자 하는 바람이고 희망이다. 그리고 실현 가능한 미래이기도 하다. 때문에 꿈이 있는 사람은 지금도 행복하고 또 앞으로도 발전할 수 있다.

하지만 주위를 둘러보면 의외로 꿈이 없는 아이가 많다. 물론 어렸을 적에는 막연하지만 되고 싶다고 이야기하는 것이 많다. 하지만 학교에 들어가고 점점 커 가면서 아이들의 꿈이 점점 줄어드는 것이다. 공부와 시험에 지쳐 꿈이 무엇인지도 잊고 사는 것이다. 꿈은 인생을 지탱해 주는 힘이 될 수 있는데 그 꿈이 없어 안쓰럽다.

순위	초등학교		중학교	
	남학생	여학생	남학생	여학생
1	운동선수	교사	교사	교사
2	과학자 등 연구원	연예인	의사	연예인
3	의사	조리사	운동선수	의사
4	법조인	의사	경찰관	조리사
5	경찰관	법조인	조리사	경찰관

▲ 2014년 학생들의 희망 직업(한국직업능력개발원)

한국직업능력개발원에서 조사한 바에 따르면 학생들이 원하는 희망 직업에 교사, 의사, 법조인과 같은 직업이 많은 부분을 차지했다. 하나같이 세상의 인정을 받는 안정적인 직업이다.

부모들은 아이가 "엄마, 나 의사가 되고 싶어요!", "아빠, 나 선생님이 될 거예요."라고 이야기했을 때 "오, 그래? 좋은 생각이야. 열심히 해 보렴."이라고 좋아하며 격려한다. 부모 입장에서는 어른들이 원하는 직업을 권하는 성향이 있기 때문이다. 그러다 보니 아이들은 정작 '내가 하고 싶은 건 뭐지? 내가 되고 싶은 건 뭐지?'를 고민하는 게 아니라 부모의 말이나 반응에 따라가게 된다.

실제로 요즘에는 현실적인 꿈을 따르는 아이가 점점 많아졌다. 초등학생들에게 "꿈이 뭐니?"라고 질문했을 때, '취업하기', '꿈이 아직 없다.'는 답변도 있었고, 2016년 서울 시내 학생 830명 중 고등학생이 선망하는 직업 1위로 공무원(22.6%), 2위 건물주, 임대업(16.1%)이 꼽혔다.

'꿈'은 단지 '직업'만을 가리키는 말이 아니다. '꿈'이라는 낱말의 뜻을 사전에서 찾아보면 '실현하고 싶은 희망이나 이상'이라고 되어 있다. 하지만 많은 사람이 꿈과 직업을 같은 의미로 생각한다. 꿈과 직업은 완전히 같은 개념은 아니다. 세월이 바뀌면 직업도 바뀔 수 있다. '꿈을 찾는다는 것은 나 자신을 파악하는 것'이다. 따라서 꿈과 직업이 절대 동일시되어서는 안 된다.

▲ 꿈을 찾는 과정

꿈을 향한 동기를 찾아야 한다

화살의 과녁처럼 인간 삶의 가장 중심에는 자기 자신이 있다. 여기서 확장된 형태로 자신이 성장해 나간다. 따라서 꿈을 찾기 위해서는 자기 자신을 파악해 나가는 과정이 반드시 필요하다. '어떻게 하면 내가 행복하게 살아갈 수 있을까?' 하는 방향을 찾아가는 것이 가장 중요하다는 말이다.

이렇게 나에 대해 생각했다면 그 다음은 '우리 가족은 어떻게 하면 행복할까?', '우리 사회는 어떻게 하면 행복할까?', '우리 나라는 어떻게 하면 행복할까?', '우리 지구촌은 어떻게 하면 행복할까?'와 같이 과녁을 확장시키면서 나-가족-사회-나라-지구촌으로 꿈을 찾는 과정을 넓혀야 한다. 그러지 않고 대학과 직업만을 보는 것은 편협한 시각일 수밖에 없다.

그렇다면 가장 중요한 것은 꿈을 찾는 '아이'의 마음이다. 아이가 행복하고 만족하기 위해서는 '내적 동기'가 아주 중요하다. 자기 행동에 대해 스스로 만족하고 즐거움을 느끼는 것이 내적 동기이다. 이것은 인생을 살아가는 데 가이드라인이 되고, 고비를 이겨 내고 어려움을 견뎌 내는 힘이 된다. 내적 동기는 스스로 선택권을 가지고 더 나은 목표를 향해 열정적으로 행동할 수 있게 하고, 스스로 실패든 좌절이든 딛고 나가는 에너지 동력원이 된다.

「EBS 다큐프라임 - 퍼펙트 베이비」에서 학생들을 2개의 팀으로 나누어 내적 동기와 관련된 실험을 했다. 보상팀과 자율팀으로 학생들을 나누어 미션을 주었는데, 같은 미션임에도 불구하고 보상팀은 7분 20초, 자율팀은 4분 50초라는 시간으로 미션을 해결하는 결과를 보였다. 즉 "빨리 미션을 해결하면 선물을 줄게."라고 이야기한 보상팀의 결과가 '이 문제를 내가 한 번 해결해 봐야지!'라고 마음먹은 자율팀의 결과보다 좋지 않았다는 말이다.

이에 대해 미국 클라크 대학교 심리학과 웬디 그롤닉(Wendy Grolnick) 교수는 "어떤 일을 하는 이유가 보상에 있을 때는 보상에 집중하기 때문에 주변을 잘 살피지 못한다. 이렇게 우리의 시야가 좁아지면 창의력을 발휘하기 힘들다. 반면에 자발적으로 일할 때는 시야가 넓어진다."고 분석하였다.

실험에서 보상은 '외적 동기', 자율은 '내적 동기'에 해당한다. "네가 이번 유치원 발표 대회에서 1등을 하면 장난감을 사 줄게."라는 말은 외적 동기이다. 이것은 발표 대회의 준비가 만약 잘 되지 않을 때는 '내가 장난감을 사지 못하면 어떻게 하지?'라는 고민을 하게 만든다. 반면에 "이번 대회를 한 번 잘 준비해 보렴. 그럼 너도 기쁠 거야."라고 말하는 것은 내적 동기에 자극을 주는 것이다. 그러면 '그래, 잘 해 봐야지!'라는 마음을 먹게 되어 대회에 좀 더 집중하게 된다.

내적 동기를 키우려면?

미션이나 발표 대회에서 내적 동기가 중요한 것처럼 꿈도 마찬가지이다. 내적 동기가 있어야 꿈을 향해 나아가는 발걸음이 씩씩해지는 법이다. 그렇다면 꿈을 향해 나아가는 내적 동기는 어떻게 키울 수 있을까?

하나, 긍정적 피드백을 하라!

만약 아이가 '아무도 찾지 않은 생물을 찾아내는 학자가 되고 싶다.'는 꿈을 꾸고 있다면, 대화를 통해 아이의 꿈에 가치와 의미를 부여하는 것이 바람직하다. "어떻게 이런 것을 공부하고 싶어 했니?"라는 질문을 하고 격려를 해 준다. 긍정적인 반응을 보여 주고 질문을 하면 아이도 자신의 꿈에 대해 좀 더 깊이 있게 생각하게 되고 동기를 갖게 된다.

둘, 실패를 인정하라!

실수나 실패는 누구나 겪는 삶의 한 부분이고, 이를 통해 성장한다는 것을 알려 주는 것이 중요하다. "힝, 난 안 될 거야!"라고 아이가 실수를 하거나 실패로 힘이 빠졌다면, 존경받는 위인 중에도 어릴 때 공부를 못했던 사람이 있다거나, 그들도 수없이 많은 실패를 했다고 말해 주면 도움이 될 수 있다. 엄마 아빠가 실패하거나 실수했던 경험을 이야기해 주는 것도 도움이 된다.

셋, 목표를 세워라!

'아무도 찾지 않은 생물을 찾아내는 학자가 되고 싶다.'라는 꿈을 세웠다고 해도 이 꿈은 막연해서 쉽게 와 닿지 않는다. 따라서 내적 동기를 키우려면 보다 구체적인 실천 계획을 세우는 게 바람직하다. 계획은 당장 이룰 수 있는 단기 목표부터 중기 목표, 장기 목표의 순서로 세우면 된다. 예를 들어 '세상에 어떤 생물이 있는지 생물 도감을 통해 알아보기'는 단기 목표에 해당할 수 있다.

꿈은 아이의 동기이자 미래이다

자라나는 아이의 꿈을 키워 주는 것은 결코 간단한 일이 아니다. 아이들의 꿈은 수시로 바뀌고 그때마다 아이들은 즉흥적으로 대답하는 경향이 있기 때문이다. 어제 하고 싶었던 것과 오늘 되고 싶은 것이 수시로 바뀌고, 친구가 말하는 꿈이 내 꿈이 되기도 한다. 그러다 보면 '이 아이는 진짜 꿈이 없는 건가?' 하고 부모로서 실망할 수 있다.

하지만 아이의 꿈을 키워 주겠다고 "너는 뭐가 되고 싶니? 너는 꿈도 없니?"라고 몰아붙여서는 곤란하다. 바람직한 꿈 키워 주기도 아이의 마음을 건강하게 하는 데서부터 출발하기 때문이다. 아이가 무엇을 좋아하는지, 무엇을 하고 싶어 하는지를 세심하게 관찰한 다음에 아이와 진지한 대화를 나누면 도움이 된다.

아이가 이해할 수 있는 수준에 맞춰 인물 이야기를 들려 주거나 책으로 보여 주는 것도 좋은 방법이다. '꿈=직업'이라는 공식 대신 역경을 딛고 성공한 사람들을 다룬 인물 이야기를 함께 읽으면서 원하고자 하는 꿈이 있다면 그 꿈을 이루기 위해 많은 노력을 해야 한다는 것을 알려 준다. 이러한 과정 속에서 아이는 스스로 돌아보고, 자기가 원하는 꿈을 찾게 된다.

여러 가지 경험을 함께 해 보는 것도 좋은 방법이다. 대한민국의 직업 수는 약 2만 2,000여 개가 넘고, 아이의 꿈은 당연히 이 수보다 많을 수밖에 없다. 그런데 부모의 생각만으로 아이의 꿈을 생각하는 것은 지나치게 한정적이다. 아이와 함께 다양한 경험을 하고 다양한 곳에 가 보고 여러 사람을 만나 보면서 꿈을 찾는 노력을 해야 한다. 아이의 꿈은 아직 불확실하고 완전하게 결정되지 않았지만 다양한 경험과 부모의 도움을 통해 현실화할 수 있다. 그리고 이 꿈은 아이에게 삶의 동기이자 머지않은 미래가 되어 줄 것이다.

Q. 저희 아이는 꿈이 매일 매일 바뀌어요. 얼마 전까지만 해도 '우주를 연구하는 우주비행사'가 되고 싶다고 하더니 친구들과 축구를 하고부터는 '세계적으로 유명한 축구선수'가 되고 싶다고 하네요. 이렇게 꿈이 매일 바뀌는 것도 괜찮을까요?

A. 어린아이일수록 꿈은 자주 바뀝니다. 하지만 걱정할 필요는 없습니다. 꿈이 없는 것보다는 훨씬 나으니까요. 꿈을 찾게 두는 것도, 꿈을 찾는 일에 적극적으로 개입하는 것도 부모의 역할로서 모두 중요하고 필요합니다. 물론 아이와 함께 직업이나 꿈 등을 이야기하려고 하면 어렵습니다. 하지만 꼭 해야 하는 일이라는 것은 잊지 말아야 합니다.

하나, 아이의 꿈에 부모의 영향은 있을 수밖에 없습니다.

요즘 아이들은 안정적인 꿈을 꾸는 경향이 많습니다. 그렇다면 왜 안정적인 꿈을 꾸게 된 것일까요? 대부분 부모가 아이들이 안정적인 일을 꿈꾸면 "어머, 그러니? 열심히 해 보렴."이라고 이야기하지만, 그렇지 않은 일을 이야기하면 "뭐? 넌 정말 그게 하고 싶니?"라고 부정적인 반응을 보이기 때문입니다. 부모의 반응을 통해 아이는 '어? 내 꿈이 이상한가?'라고 생각할 수 있습니다. 아이의 마음을 잘 읽어 부정적인 반응을 보이지 않는 것이 중요합니다.

둘, 아이들의 개인적 성향을 살펴야 합니다.

아이들마다 성향이 제각각입니다. 따라서 아이가 무엇을 좋아하는지, 무엇을 잘하는지를 세심히 살필 필요가 있습니다. 아이와 함께 다양한 활동을 해 보면 아이의 성향을 파악하는 데 큰 도움이 됩니다. 여러 사람을 만나 보고 다양한 경험을 해 보면 '어머, 우리 아이에게 이런 면이 있었네?' 하고 느끼기도 하기 때문입니다. 이렇게 아이들의 성향을 잘 살핀다면 아이와 함께 꿈을 이야기할 때 큰 도움이 됩니다.

03
돈 들이지 않고
영재로 만들기

"그 집 아이는 영재래."

"네? 영재요?"

"응, 수학 영재래. 이미 곱하기, 나누기까지 싹 다 할 수 있대."

이런 이야기를 들으면 엄마들은 대단하다는 생각 반, 부럽다는 생각 반이 들게 마련이다. 여기에 덧붙여 '우리 아이도 어떻게 하면 영재로 만들 수 있을까?' 고민하게 된다.

영재라 불리는 아이들

영재란 '뛰어난 재주나 그런 재주를 가진 사람'을 가리키는 말이다. TV 프로그램에서도 영재라 불리는 아이들이 나오고, 뉴스나 여러 소식을 통해 여러 분야에서 두각을 나타내는 영재들의 이야기를 듣기도 한다. 그 중에서도 부모들이 가장 부러워하는 아이는 '공부 잘하는 아이'이다. 수학이든 과학이든 외국어든 간에 공부 잘하는 아이들을 보면 부모는 '우리 아이도 저렇게 키우고 싶다.'는 생각을 한다.

그렇다면 공부 잘하는 영재들은 어떤 점이 다를까? 다음 두 그림을 살펴보면 그 해답을 얻을 수 있다. 일반적으로 옷을 옷장에 넣는 방법은 크게 2가지이다. 하나는 잘 정리해서 넣는 것이고, 다른 하나는 그냥 구겨 넣는 것이다. '공부를 한다.'는 것은 아이가 '옷장에 옷을 넣는 것'이고, '시험을 본다.'는 것은 '옷장에서 옷을 꺼내 오는 것'이다.

▲ 영재인 아이(왼쪽)와 그렇지 않은 아이(오른쪽)의 머릿속 비유

따라서 공부 못하는 아이를 둔 부모들은 '아, 옷장에 옷이 없나 보다.'고 생각해서 공부를 많이 시키거나 학원을 보낸다. 그런데 이렇게 공부를 많이 시켰는데도 공부

를 못하는 것을 보면 '아, 옷장에서 옷을 찾는 게 쉽지 않나 보다.'고 생각해서 공부하는 방법을 열심히 가르친다. 그래도 공부를 못하면 '아, 아이가 머리가 나쁜가?' 하고 생각을 하게 된다. 하지만 그렇게 생각해서 아이를 포기하는 것은 좋지 않다.

아이가 옷을 잘 찾아오지 못한다면 옷장 안, 즉 머릿속을 잘 봐야 한다. 아이의 머릿속이 정리되지 않고 엉망진창일 수 있기 때문이다. 엉망진창인 옷장에서 옷을 꺼내는 것은 힘들다. 물론 어릴 때는 옷장이 정리되지 않아도 공부를 잘한다. 아직 옷이 많이 없어서 옷장이 하나이기 때문에 옷을 잘 찾을 수 있다. 그러나 시간이 지나면 옷장이 점점 늘어나고 옷도 많아진다. 때문에 예전에는 잘 찾던 옷도, 잘 꺼내던 내용도 못 찾을 수밖에 없고, 그러다 보면 '나는 안 되나 보다.'며 포기를 하게 된다.

따라서 아이가 자랄수록, 아이가 공부를 더 할수록 머릿속 지식들이 잘 정리되어 있어야 한다. 지식은 머리에 들어오면 뇌의 뉴런에 저장된다. 지식은 머릿속에 들어와서 기존의 지식과 연결되는데, 잘 연결되는 경우에는 옷장의 옷이 잘 정리된 것처럼 다음에 찾아서 사용하기가 쉽다.

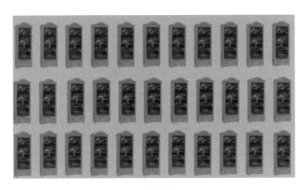

▲ 공부의 양이 많아질수록 늘어나는 머릿속 옷장

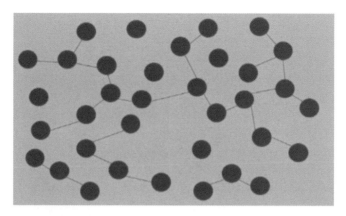

▲ 지식들이 연결된 모습

위의 그림처럼 지식은 무조건 연결되어 있어야 한다. 가지고 있는 지식들을 잘 연결시키는 아이들이 대부분 공부를 잘한다. 지식이 머릿속에 들어가기는 하되 아무런 연관성 없이 계속 들어가기만 하면 옷장이 꽉 차기만 하고, 필요할 때 꺼내어 쓸 수 없다.

아이가 공부 잘하는 영재가 되기를 바란다면 머릿속에 지식을 잔뜩 넣기만 하지 말고 지식이 잘 연결될 수 있도록 정리를 해 주어야 한다. '이순신 장군' 했을 때 '임진왜란 - 난중일기 - 징비록 - 유성룡 - 선조' 등이 연결되어 떠올라야 필요할 때 쓸 수 있다.

공부에는 왕도가 있다

많은 사람이 공부에는 왕도가 없다고 하지만, 공부에 왕도는 있다. 그건 바로 '가르치면서 배우는 것(Learning by Teaching)'이다. 다시 말해 남을 가르치면서 학습하는 것이 자신의 공부에도 큰 도움이 된다는 의미이다. "자기 공부할 시간도 부족한데 남을 가르치라니요? 그건 오히려 시간이 부족해지는 것 아닌가요?"라고 생각하는 사람도 있다. 하지만 남을 가르치는 것은 절대 시간 낭비가 아니다. 다른 사람을 가르치려면 그 내용을 완벽하게 이해하고 정리되어 있어야 하기 때문이다. 따라서 제대로 알려면 그 내용을 다른 사람에게 가르치는 것만큼 좋은 방법은 없다.

예로부터 교학상장(敎學相長)이라는 말이 있다. '가르치고 배우면서 성장한다.'는 뜻으로, 스승은 학생에게 가르침으로써 성장하고, 제자는 배움으로써 진보한다는 말이다. 실제로 '형만 한 아우 없다.'고 하는데, 이 속담 역시 이러한 원리에 해당한다고 할 수 있다. 일란성 쌍둥이인데, 한 명은 공부를 잘하고, 다른 한 명은 공부를 못하는 경우가 있다. 물어 본 아이와 대답한 아이가 있을 때 가르쳐 준 아이의 실력이 더 늘기 때문에 생기는 현상이다. 다시 말해 혼자 열심히 하는 공부보다는 서로 가르치면서 배우기를 하는 게 효과가 더 좋다.

가르치면서 배우기 위해서는 아이들이 공부할 때 서로 이야기하면서 의견을 주고받을 수 있도록 토론하는 분위기를 만들어 주는 것이 좋다. 또한 그룹을 지어서 공부를 하더라도 아이와 실력이 비슷하거나 실력이 조금 부족한 아이들과 함께 하는 것이 성취도 면에서 효과적이다.

영재가 되는 3가지 습관

'가르치면서 배우는 것'은 어느 날 '뚝딱' 되는 것도, 알아서 되는 것도 아니다. 중요한 것은 습관이다. 가르치고 배우면서 공부를 하기 위해서는 평소에 습관이 잘 들어 있어야 제대로 효과를 볼 수 있다.

하나, 꼬리에 꼬리를 무는 대화를 하라!

제대로 된 대화는 꼬리에 꼬리를 문다. 머릿속 지식이 연결되기 위해서는 말을 많이 하는 게 좋다. 가정에서 대화를 많이 하는 습관을 들여야 한다. 특히 남자는 과묵해야 한다는 옛말은 인지 발달에 좋지 않다. 이스라엘이나 미국의 저녁 식사 시간은 2시간이 넘는다. 학교에서 있었던 일도 이야기하고 같이 사진도 찍으면서 즐거운 시간을 보낸다. 논리적으로 대화를 이끌어 갈 수 있도록 평소에 대화를 많이 해야 한다.

유대인들의 도서관 토론 문화

유대인들은 책을 읽거나 외우는 것이 아니라 토론을 위한 매개체라고 생각한다. 이러한 토론 공부 방식으로 유대인들은 남이 나와 다름을 인정한다. 그래서 도서관에서는 '정숙'해야 함을 미덕으로 삼는 우리의 도서관과 달리 유대인의 도서관에서는 3~4명이 그룹으로 토론을 하는 문화가 자연스럽다.

둘, "왜?"라는 물음을 아이에게서 빼앗아라!

'왜'라는 질문은 아이가 부모에게 하는 질문이 아니라 부모가 아이에게 해야 하는 질문이다. 아이가 지식을 알고 있는 것이 중요한 게 아니라 '왜 궁금한지'를 생각하는 것이 더 중요하기 때문이다. 따라서 아이와 대화를 할 때 부모가 해야 할 말은 "너는 왜 그렇게 생각하게 된 거니?", "너는 그게 왜 궁금하니?"라는 질문으로 아이 스스로 생각하게 하는 것이 좋다.

셋, 길게 말할 때 칭찬하라!

대부분의 부모는 아이가 정답을 말할 때 칭찬을 한다. 하지만 아이가 '그런데, 그래서, 그러니까, 왜냐하면' 등의 접속사를 넣어 길게 말할 때 칭찬을 해 주어야 한다. 접속사를 사용할 때 물개 박수를 힘차게 치면서 아이를 격려해 주는 것이 좋다. 이렇게 접속사를 쓰는 것은 지식을 연계하는 것이기 때문이다. 아이가 말을 할 때 자연스럽게 접속사를 쓰도록 유도해 주어야 한다.

Q. 5살 아들이 공룡에 대해 자꾸 가르쳐 주는데 그것도 '가르치면서 배우는 것'인가요?

A. 맞습니다. 아이가 뭔가를 가르쳐 주려 하면 잘 들어 주어야 합니다. 이때 부모의 역할은 '정말 재미있게 들어 주기'입니다. 재미있게 들어 주어야 아이가 즐겁게 가르쳐 줄 수 있기 때문입니다.

아이가 책을 보고 설명해 주려고 할 때 엄마 아빠가 잘 들어 주는 것도 좋은 방법입니다. "와, 그래서 어떻게 되었는데?", "정말? 왜?"와 같은 대답으로 아이의 설명을 잘 이끌어 나갈 필요가 있습니다.

만약 아이에게 질문을 해서 대화를 이어 가고 싶은데, 아이에게 물어 보면 모른다고 해서 대화를 이끌어 갈 수 없을 경우도 있습니다. "몰라.", "글쎄." 식으로만 아이가 대답을 하면 대화가 쉽지 않습니다. 그럴 때는 아이의 마음을 잘 들여다보는 것이 필요합니다. 아이가 이야기하기 싫어하는 상황에서 굳이 대화를 이어 나가는 것은 좋은 방법이 아닙니다. 오히려 아이가 다음에 관심이 가는 주제로 이야기를 펼쳐 낼 때 많은 질문을 하고 자연스럽게 대화를 이어 나가는 것이 좋습니다.

04
공부보다
더 중요한 공부?

"나중에 커서 공부를 잘했으면 좋겠어요."

"일단 공부를 잘해야 하지 않겠어요?"

"공부를 잘하면 뭐든 되겠지요."

"우선은 공부를 하는 게 제일 중요해요!"

많은 부모는 아이가 공부를 잘하길 바란다. 공부를 잘하면 대학도 원하는 곳에 갈 수 있고, 원하는 일도 수월하게 할 수 있을 거라고 생각하기 때문이다.

성공의 기준은 공부다?

뛰어난 물리학자인 아인슈타인, 세계적인 영화감독인 스티븐 스필버그는 물론 세계 억만장자의 30%, 노벨 경제학상 수상자의 40%가 유대인이라고 한다. 인구 수로 따지면 비중이 얼마 되지 않지만 이 민족이 세계적으로 막강한 힘을 행사하며 성공할 수 있었던 까닭은 무엇일까?

물론 이들은 열심히 일했고 또 열심히 일한다. 그리고 열심히 공부도 한다. 하지만 이들이 더 중요하게 여기는 것은 '우선 잘 쉬어라.'이다. 안식일을 철저히 지킬 뿐만 아니라 열심히 일한 다음에는 푹 쉬는 것을 당연하게 여긴다. 덕분에 이들은 다른 민족보다 뛰어나게 창의적인 민족이 되었다.

하지만 우리나라 부모는 잘 쉬는 것은 물론, 공부 외에 다른 것은 아무것도 하지 못하게 하는 경향이 있다. 저녁 준비를 하는 엄마에게 아이가 다가와서 "엄마, 오늘 뭐 만들어? 내가 도와줄게."라고 말하면 "넌 가서 공부해. 그게 도와주는 거야."라고 대답한다. 또는 아이가 좀 멍하게 있는 것 같으면 "멍하게 있지 말고 공부해라!"라고 재촉한다. 성공의 기준이 공부라고 생각하기 때문이다.

이처럼 우리나라 부모들이 가장 신경을 쓰는 것은 공부이다. '공부해야 좋은 대학에 갈 수 있고, 좋은 대학에 가야 성공한다.'라고 생각하기에 아이가 지금 해야 할 일은 공부밖에 없다고 여기는 것이다. 하지만 아이가 유치원-초등학교-중학교-고등학교를 다니면서 해야 할 일은 공부 외에도 많다. 물론 학생이니까 공부를 소홀히 하면 안 되겠지만 현실을 충실히 사는 것도 지금 아이들이 해야 할 중요한 일 중에 하나이다.

'공부보다 더 중요한 것은 없을까?' 하고 잠깐 멈춰 서서 생각해 볼 필요가 있다. 혹시 공부에 지쳐서 아이가 공부를 제대로 하지 못하는 것은 아닌지 살펴봐야 한다. "일단 공부만 열심히 해. 다른 건 나중에 대학 가서 해도 돼. 일단 성공해야 하니까 공부부터 해."라고 부모가 아이에게 얘기하고 있다면 부모가 먼저 생각해 봐야 한다. '정말 공부만 하면 다 되는 것인가?', '성공의 기준이 공부인가?', '공부보다 중요한 것은 없는가?' 하고 말이다.

공부보다 중요한 5가지

하나, 책을 읽어라!

아이가 자신의 인생을 잘 살아가기 위해서는 다양한 경험을 할 필요가 있다. 그러기 위해 가장 좋은 것은 여러 분야의 책을 읽는 것이다. 아이가 인생의 멘토나 롤모델을 찾는 거라면 특히 평전을 읽는 것이 좋다. 평전을 읽다 보면 처음에는 위인들의 위대한 업적에 감동할 수 있고, 그 뒤에는 위인들의 공통점을 알게 된다. 위인들도 나와 다르지는 않다는 공통점을 알고 나면, 아이는 '어? 이렇게 위대한 사람도 어렸을 때는 나와 다르지 않았네.'를 알게 된다. 그리고 위인들이 성공할 수 있었던 다양한 이유를 발견할 수 있게 된다.

둘, 신뢰의 대상으로 주변 사람들을 바라보라!

서양의 부모들은 아이들이 어떤 행동을 하건 "훌륭해!(Wonderful!)"라고 이야기해 준다. 이러한 지지를 받게 되면 아이는 자연스레 힘을 얻게 되고 용기를 갖게 된다. 아이가 윤리적이고 위험한 선을 넘지 않는 범위 안에서는 부모가 아이를 신뢰할 필요가 있다. 아이는 '어디 잘하나 지켜보자!'고 하는 검증의 대상이 아니라, '잘하고 있어!'라고 믿어 주는 신뢰의 대상이 되어야 한다. 이렇게 부모의 신뢰를 받은 아이는 본인도 주변 사람들을 자연스레 신뢰하게 된다. 사람을 믿는 힘을 배우게 되는 것이다.

셋, 비판이 아닌 박수를 먼저 쳐 줘라!

아이는 자라면서 실수도 하고, 실패도 하면서 많은 것을 배운다. 그런데 이렇게 실패를 했을 때 "그것 봐! 네가 그럴 줄 알았어!"라고 하면 아이는 당연히 주눅이 들 수밖에 없고 한 걸음 내딛는 것에 부담을 느낄 수밖에 없다. 뿐만 아니라 아이가 아직 어떤 일을 하기도 전에 "그건 안 될 텐데……."라고 하면 아이는 실패하는 경험조차 가질 수 없게 된다. 아이에게 실패할 수 있는 기회를 주고, 실패했을 때는 괜찮다고 격려해 주는 것이 필요하다. 그러지 않으면 아이는 자신의 인생이 아닌 부모의 인생을 살 수밖에 없다.

넷, 많은 경험을 하게 하라!

실제로 19살에 세계 여행을 하는 외국의 아이들은 세상을 보고 많은 사람을 만나며 많은 경험을 한다. 경험을 하는 데 여행만큼 직접적인 것이 없기 때문이다. 낯선 곳에서 이색적인 경험도 하고, 나와 생각이 다른 사람도 만나 보는 것은 인생을 사는 데 많은 용기를 얻게 한다. 또한 남들이 하지 않는 경험을 하고 행동을 하면 더 풍성한 인생을 살 수 있다. 혹시 시간이 부족하다면 방학만큼이라도 가족 여행을 떠나는 것이 좋다. 눈앞에 닥친 경쟁에 함몰되지 말고 거시적으로 인생을 보는 눈을 가지는 게 필요하다.

다섯, 세대 간에 소통하라!

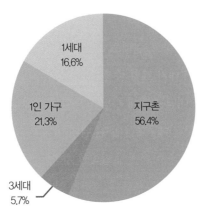

▲ **2015년 가족 실태 조사**(여성가족부)

　여성가족부의 '2015년 가족 실태 조사'에 따르면 부부와 미혼자녀를 포함한 2세대 가족이 전체 가족의 56.4%를 차지한 것으로 나타났다. 점점 핵가족화되면서 할아버지, 할머니와 함께 사는 세대는 찾아보기 힘들게 되었다.

　2세대 가족이라고 해도 부모와 자식 간의 대화가 많이 줄었다. 아빠는 아침 일찍 출근해서 저녁 늦게야 집에 오고, 아이도 유치원이다 학원이다 바쁘게 다니다 보니 대화를 나눌 시간이 부족하다. 그런데 대화를 통한 소통은 아주 중요하다. 뿐만 아니라 대화를 할 때는 부모의 이야기만 전달하는 것이 아니라 아이들도 자기 이야기를 편하게 할 수 있어야 한다. 부모와 자녀 간에 대화를 하면서 서로 소통하는 것이 공부보다 더 중요한 일이다.

아이들은 믿는 만큼 자란다

우리나라 부모는 노는 것도, 다양한 경험을 하는 것도 다 공부보다 못하다고 여기는 경향이 있다. 그래서 공부 외에 다른 것들은 다 '나중에 해도 되는 일'이라고 미룬다. 하지만 다양한 경험은 물론 좋은 놀이 역시 아이에게 큰 힘이 되어 준다. 아이의 성공에 좋은 열쇠가 될 수 있다는 말이다.

실제로 세계 최고의 교육 강국인 핀란드에서는 유치원에서 글과 숫자 공부를 하지 않고 오직 놀이로만 배우고 집중력을 향상시킨다. 날씨가 추운 날이 많은 나라이지만, 야외놀이도 적극적으로 권장해서 아이들이 뛰어놀 수 있는 시간을 자주 만든다. 뿐만 아니라 이스라엘에서는 다양한 재료를 자유롭게 만지면서 느껴 보는 창의적인 놀이 교육을 즐겨 한다.

이처럼 아이들은 공부하는 것 외에도 중요하게 할 일이 많다. 그런데 '공부해야 해서' 그 일들을 하지 못하면 곤란하다. "공부하는 데도 시간이 부족한데 언제 다른 경험을 하고 또 언제 놀아요."라고 이야기하는 부모들도 있다. 하지만 공부만 계속한다고 공부를 '잘' 하게 되는 것은 아니다. 개구리는 높이뛰기 위해 움츠린다고 하는데, 그런 힘이 놀이와 경험이 되어 줄 수 있음을 잊지 말아야 한다.

부모는 아이에게 공부를 가르쳐 주는 일도 중요하고, 아이가 공부를 잘할 수 있게 해 주는 일도 중요하다. 하지만 그보다 더 중요한 것은 아이가 좋아하는 것을 하게 해 주고, 즐길 수 있는 것을 응원하고, 어려움에 빠졌을 때 힘을 낼 수 있게 해 주는 것이 부모의 역할이다. "내가 공부를 조금만 더 잘했으면 의사가 되었을 텐데 못 되어서 아쉬워요. 그래서 아이는 공부를 잘해서 의사가 되면 좋겠어요." 라고 아이에게 공부할 것을 강요해서는 안 된다. 아이는 아이의 인생을 씩씩하게 살아야지, 부모의 인생을 대신 살아서는 안 되기 때문이다.

더불어 "공부를 잘해야죠. 안 그러면 어떻게 살아요. 그러다가 계속 놀면 어떻게 해요."라고 두려워할 필요도 없다. 아이에게 쉴 수 있는 시간, 생각할 수 있는 시간, 경험할 수 있는 시간을 주면 아이는 공부도 더 잘할 수 있다. '잘할 수 있다.'고 아이를 믿어 주면 된다. 아이들은 믿는 만큼 자란다.

Q. 아이가 겁이 많아요. 그래서 새로운 것에 도전하는 것을 많이 두려워해요. 어떻게 하면 아이에게 자신감을 키워 주고, 아이가 새로운 것에 도전하게 할 수 있을까요?

A. 겁이 많은 아이라면 "넌 무조건 잘할 수 있어."라는 말은 오히려 좋지 않습니다. 오히려 "겁이 나는 게 당연해. 엄마도 그랬단다. 엄마도 그때는 이런 실수를 하기도 했어."라고 아이의 눈높이에 맞춰 주는 게 필요합니다. 아이가 새로운 것을 도전하기 힘들어할 때는 다음과 같은 방법으로 소통해 보세요.

[수영 배우기에 도전하는 것을 두려워하는 아이]

엄마: "우리 딸, 수영 배우려고 하니까 어때?"

딸: "응. 겁나."

엄마: "그래? 겁나는구나. 엄마도 수영을 처음 배울 때 무척 겁났어. 우리 딸은 특히 어떤 게 겁나?"

딸: "음, 물에 빠질까 봐."

엄마: "아! 맞아. 물에 빠질까 겁이 나지? 엄마도 수영하다가 물에 빠진 적이 있었는데 그때 물 먹었어."

딸: "그랬어?"

엄마: "응, 그런데 할아버지가 바로 옆에 계셔서 물을 많이 먹지는 않았지. 그리고 그렇게

무섭지도 않았어."

딸: "정말?"

엄마: "응, 오늘은 엄마가 우리 딸 옆에 있을 테니까 우리 딸도 걱정 없어."

딸: "정말?"

엄마: "그라~엄! 엄마가 옆에서 계속 지켜보고 있을게. 그러니 수영 한 번 해 볼래?"

딸: "응, 한 번 해 볼게."

엄마: "좋아! 우리 딸, 용감하다!"

05
미래에 살아남을
아이로 키워라

10년 뒤.

20년 뒤.

30년 뒤.

홀쩍 커 버린 아이의 모습을 상상해 보면 막연하기만 하다. 아이가 무엇을 하고 있을지, 어떤 미래를 살고 있을지 잘 모르기 때문이다. 하지만 우리 아이들은 현재는 물론이지만 미래에도 자신의 삶을 살아야 한다. 어떻게 하면 미래에 제 목소리를 내고 당당히 살아갈 수 있을까?

아무도 알 수 없는 미래

10년 전에는 상상할 수 없었고, 용어조차 없던 3D 프린팅 전문가, 드론 전문가, 빅데이터 전문가가 현재는 유망한 직업이 되었다. 뿐만 아니라 버스 안내원, 전화 교환원 등은 역사 속으로 사라진 직업이 되었다. 이렇게 급변하는 세상에서, 빠르게 생겼다 없어지는 직업이 많은 세상에서 우리 아이들이 살아가야 한다.

미래학자들마다 미래 사회에 대한 예측이 다르다. 펀드 매니저라는 직업에 대해 어떤 미래학자는 빅데이터에 밀려 없어질 직업으로 보고, 또 다른 미래학자는 인간 특유의 직관으로 지금보다 더 유망해질 직업으로 보기도 한다.

지금 유망한 직업이 미래에 유망하리라고 확실히 보장할 수도 없다. 예를 들어 현재 약 100만 명 정도가 종사하는 자동차 관련 업종이 없어질 거라는 견해도 있다. 사람이 운전하지 않아도 되는 무인자동차가 상용화되면 트럭 운전사, 버스 운전사 등이 사라지는 직업군이 될 수 있기 때문이다.

이렇게 아무도 정확하게 예측할 수 없는 것이 미래인 만큼, 누구의 추천을 듣고 미래를 정할 수는 없다. 그보다는 변화하는 시대에 대한 적응력을 기르는 것이 중요하다. 어떤 미래가 와도 유연하게 잘 대처할 수 있도록 본인의 자주성을 키우는 것이 필요하다는 의미이다.

불확실한 미래에 우리 아이들이 잘 대처해서 살아가려면 '미래를 위한 필살기'가 필요하다. 생각지 못한 상황에 닥쳐도 자기 자신을 잘 추스르고 대처할 수 있다면 변화무쌍한 미래라고 해도 그리 막막하고 어렵지만은 않을 것이기 때문이다.

10년 뒤 각광받을 직업 10가지

2016년 미국 마이크로소프트 연구팀과 영국 컨설팅 업체 미래연구소가 '10년 뒤 각광 받을 직업 10가지'를 분석한 것에 따르면 다음과 같은 직업들이 주목받을 것으로 보인다.

1	가상 공간 디자이너	가상 회의에 적합한 환경을 만들고, 예술가들이 작품을 전시할 수 있는 가상 갤러리를 만들고, 가상 사무실 등 가상의 공간을 만드는 일을 한다.
2	윤리 기술 변호사	로봇 공학 분야가 지금보다 더 발전하면 윤리와 기술에 대해 고민하는 변호사가 필요해진다. 이들은 사람과 로봇, 인공지능 사이에서 중개자로서의 역할을 한다.
3	디지털 문화 해설가	예술 공간으로 방문객들을 끌어들이고, 이러한 공간에 대한 설명하고 알려주는 일을 한다.
4	프리랜스 바이오해커	유전자 편집에 사용하는 크리스퍼(CRISPR) '유전자 가위' 기술과 관련된 소프트웨어 플랫폼을 활용하는 일을 한다.
5	사물 인터넷 데이터 분석가	매일 생산되는 많은 양의 데이터를 걸러 내는 일을 하며, 이 가운데 의미 있는 것을 찾아내는 역할을 한다.
6	우주 투어 가이드	우주여행이 점점 현실화되면서 우주여행을 안내할 새로운 직업이 등장할 것이다.
7	퍼스널 컨텐츠 큐레이터	사람의 생각이나 기억, 꿈을 이용하여 사고 능력이나 기억력을 확장시키는 데 도움이 되는 일을 한다.
8	생태 복원 전략가	위기에 빠진 생태계를 복원하는 일과 어떤 지역에서 멸종된 동식물을 다시 번식하게 할까 고민하는 역할을 한다.
9	지속가능한 에너지 개발자	증가하는 전력 수요 문제에 대처할 수 있는 에너지를 개발하고 자원 고갈에 맞서 지속가능한 에너지 자원을 개발하는 일을 한다.
10	인체 디자이너	의학과 기술이 발전하면서 인간의 수명은 물론 인체에 대한 관심이 나날이 늘고 있다. 인간의 건강한 인체와 삶을 확장시키는 역할을 한다.

미래를 위한 필살기

하나. 아날로그 감성을 키워라!

매일매일 새로운 기술이 쏟아져 나와 눈이 돌아갈 정도로 빠르게 변하는 시기라면 '우리 아이도 빠르게 변해야 하는 것 아니야?'라고 생각할 수 있다. 그래서 새로 나온 디지털 기술을 익히고 디지털 기계를 섭렵하는 게 중요하다고 여길 수 있다. 하지만 실제로 그렇지는 않다.

애플사의 창업자였던 스티브 잡스는 열혈 아날로그 마니아였다. LP로 음악 감상을 했고, 서체를 연구했다. 마이크로소프트를 설립한 빌 게이츠 역시 전자책을 피하고 종이책을 고집한다고 한다. '투자의 귀재'라 불리는 워런 버핏 역시 새로운 기술이 아닌 기존의 팩스 사용을 더 즐긴다고 한다.

많은 사람이 새로운 기술이 아닌 예전의 것을 더 선호한다. 일본에서 초밥을 만드는 기계가 나왔지만, 식당을 찾는 사람들은 초밥의 장인이 만들어 주는 것을 원한다. 때문에 기술이 급변하는 미래에서 살아남는 아이로 키우기 위해서는 '아날로그 감성'을 키울 필요가 있다. 아날로그 감성이라는 것은 사람을 이해하고 소통하는 것을 우선시한다.

아날로그 감성을 키우기 위해서는 먼저 다양한 경험을 하는 것이 중요하다. 전인적인 교육이 필요하다는 의미이다. 기술의 최첨단을 달리는 삼성전자나 구글과 같은 회사에서 인문학 전공자를 채용하는 것도 이와 같은 맥락이다. 인간을 이해할 수 있는 감성은 다양한 경험을 통해 좋은 배경 지식이 될 수 있다.

아날로그 감성을 키우기 위한 둘째 방법은 약점을 보완하기보다는 장점을 강화시키는 것이다. 약점을 보완한다고 해도 이미 그 분야에서 장점을 가진 사람과는 경쟁이 되지 않는다. 따라서 아이의 약점을 보완할 시간에 오히려 장점이 무엇인지를 파악하고 재능 또는 관심사를 찾아 주는 것이 효과적이다. 예를 들어 아이가 수학은 좀 부족하지만 언어에 재능이 있다면 그 부분에서 재능을 더 키우는 것이 좋다.

연령별 아날로그 감성을 키우는 방법

- **미취학기 아이에게는 다양한 사람을 만나고 좋은 책을 읽어 줘라!**
  책을 통해 경험을 쌓고 사람을 만나면서 사회성을 기르는 연습을 할 수 있다.

- **초등학생에게는 경험의 기회를 선물하라!**
  내재된 여러 재능을 접할 수 있는 환경에 아이가 노출되는 것이 중요하다. 미술, 음악, 문학에 대한 기초 체력을 기르기 가장 적합한 시기가 바로 이때이다.

- **중·고등학생이라면 재능 또는 관심사를 함께 찾아라!**
  다양한 경험을 바탕으로 아이가 자신의 재능 또는 관심사를 찾을 수 있도록 도와주어야 한다.

둘. 문제 해결 능력을 키워라!

인터넷이 발달하기 전까지는 인재를 판단하는 기준 중 가장 큰 것이 암기력이었다. 때문에 '갑오개혁이 시작된 해는 언제인가요?'라는 문제가 가능했고 문제를 맞히기 위해 암기력이 필요했다. 하지만 지금은 인터넷에서 검색만 하면 금방 '1894년에 조선이 근대 국가에 걸맞은 제도를 만들기 위해 추진한 개혁 정치'라는 설명이 바로 나온다.

때문에 지금은 암기력이 아닌 사고력, 문제 해결 능력을 평가하는 시대가 되었다. 다시 말해 문제 해결 능력이 인재의 기준이 되었다는 의미이다. 때문에 모든 시험은 문제 해결 능력을 보게 되었고, 넘치는 정보를 정리해서 의미 있는 결론과 대안을 제시하는 능력을 중요시하게 되었다. 문제 해결 능력이 있어야 빠른 변화에 적응할 수 있는 융통성과 유연성이 생긴다.

아이에게 이러한 문제 해결 능력을 키우게 하기 위해서는 '선택'하는 연습을 시켜야 한다. 선택하기 위해서는 내가 가지고 있는 정보들을 스스로 판단하고 결정할 수 있는 힘이 필요하다. 물론 이 과정에서 때로는 실패할 수도 있다. 하지만 실패도 교육이다. 선택을 잘못했을 때도 이것을 바탕으로 '아, 이런 선택은 잘못이구나, 신중해야겠구나.' 등을 알 수 있기 때문이다.

가정에서 아이에게 문제 해결 능력을 길러 주기 위해서는 부모가 모든 것을 다 해 주지 말고 아이에게 해 보게 하는 것이 좋다. 그 과정에서 스스로 생각하고 고민하는 힘을 기를 수 있다.

아이와 함께 책을 읽고 느낀 점을 한 줄로 쓰게 하는 것도 좋은 방법이다. 책을 읽는다는 것은 직접적인 경험뿐만 아니라 간접적인 경험이 가능하고 풍부한 배경지식을 갖게 하기 때문이다. 책을 읽고 난 정보를 한 줄로 정리해 낸 다음에 정리한 내용으로 토론을 하거나 질문을 해 보는 것도 좋다.

셋. 양심이 있는 아이로 키워라!

최근에 미래의 인재 조건으로 중요하게 대두되는 것이 인성 교육이다. 기술이 발달함에 따라 회사의 기밀을 유지하는 것이 점점 더 중요해지고, SNS 등을 사용하는 디지털 시대에 접어들며 양심이 더 필요해졌다. 특히 NT(나노 테크놀로지) 등이 발달하면서 기술이 할 수 있는 영역이 더 넓어지고, 파괴력이 커지고 있다. 따라서 기술을 다루는 사람, 회사를 운영하는 사람의 양심이 더욱 중요해졌다.

때문에 유럽에서는 '사람을 키우는 방향'으로 교육 제도가 변화하고 있다. 유럽의 여러 나라에서 아이들을 교육할 때 중요하게 여기는 것 중 첫째는 '전인 교육'이고, 둘째는 '개성을 찾아 주는 교육'이다. 아이 한 명 한 명을 존중하여 제대로 된 사람으로 성장시키는 것에 초점을 맞추고 있다.

그러나 현재 우리나라의 경우 아이들이 받는 공교육은 전체 학생을 대상으로 한 통일되고 표준화된 교육이다. 그러다 보니 이와 같은 방식을 도입하기 쉽지 않다. 그렇기 때문에 가정의 역할이 보다 더 중요해졌다. 가정에서 아이의 개성을 키워 줄 수 있도록 독려하고 양심에 어긋나는 행동을 하지 않도록 가르쳐야 한다. 개성과 양심의 영역에서는 부모가 가장 가깝고 중요한 선생님이다.

아이의 양심을 키우기 위해서는 지켜야 할 규칙과 도덕을 알려 주는 것이 선행되어야 한다. "사람들이 놀이기구를 타려고 줄을 서 있어. 그런데 우리 아들은 빨리 놀이기구를 타고 싶어. 그래서 몰래 새치기를 하려고 하는데 그래도 될까?", "인터넷에 연예인 기사가 있는데 댓글을 달려고 해. 우리 딸이 쓴 글인 줄 아무도 모르는데 나쁜 욕을 써도 괜찮을까?"와 같이 평소에 아이와 함께 규칙과 도덕의 문제를 함께 이야기해 보는 것이 바람직하다. 그것이 부모의 역할이다.

변화하는 미래 사회에 필요한 미래 인재가 되기 위해서는 기술을 많이 배우는 것보다도, 어학 실력을 많이 늘리는 것보다도, 제대로 된 사람이 되는 것이 더 중요하다. 다가오는 미래 사회에서 한 자리를 당당히 차지할 미래 인재는 양심이 살아 있는 좋은 사람이어야 하기 때문이다.

Q. 미래에 살아남는 미래 인재를 키우기 위해서는 아이 스스로 자신의 삶을 선택하는 게 중요할 것 같아요. 그런데 저희 아이는 "선택해 봐. 뭐가 좋니?"라고 하면 늘 "잘 모르겠어."라고 답을 하네요. 이럴 때는 어떻게 하면 좋을까요?

A. 잘 모르는 게 당연합니다. 우리 부모도 잘 모르는 게 미래잖아요? 그러니 아이 역시 모를 수밖에 없지요. 이럴 때는 기다려 주는 게 필요합니다. 하지만 안타깝게도 부모들은 기다려 주지 않는 편입니다. "빨리 선택해!"라고 재촉하지 말고, "그래, 천천히 생각해 봐."라고 여유를 두는 게 중요합니다. 아이가 시간을 두고 고민할 수 있는 시간을 충분히 주는 게 좋습니다. 그래야 아이가 신중하게 선택할 수 있기 때문입니다.

혹시 아이에게 시간을 주었는데도 계속 고민하고 진전이 없다면, 다양한 직업에 대한 체험을 하게 해 주는 것도 좋습니다. 다양한 경험을 미리 해 보는 것은 미래 인재로 자라는 데 도움이 되는 방법이기도 합니다.

PART 5

아이의 주변
사람들과
소통하기

내 아이, 하나를 보면 열을 안다!

"

'사람은 남 어울림에 산다.'는 속담처럼 사람은 서로 어울리지 않고서는 살 수 없는 존재이다. 더불어 남과 잘 어울려 살아갈 때 보다 큰 행복과 만족감을 느낀다. 아이도 마찬가지이다. 다른 사람과 잘 지내며 사회성이 높은 아이는 정서적으로 안정적이다. 또한 타인에 대한 이해와 소통 능력이 뛰어나다. 때문에 아이의 사회성은 그 행복을 가늠하는 척도가 되기도 한다. 형제자매, 부모, 가족, 친척, 친구 등 주위 사람들과 어떻게 소통하고 어떻게 관계를 맺어 가는 것이 좋을지 하나하나 살펴보자. 하나를 보면 열을 알 수 있는 우리 아이의 사회성, 지금 점검이 필요하다.

"

01
형제간의 갈등,
부모의 관심이 최고

"으앙! 형이 때렸어요!"

"얘가 먼저 제 장난감을 망가뜨렸어요!"

형제자매가 있는 집이라면 하루에도 여러 차례 벌어지는 다툼이다. 사이좋게 지내야 한다고 그렇게 여러 번 이야기를 하지만, 그 순간이 지나고 나면 또 티격태격 다투어서 하루에도 몇 번씩 골머리를 앓는 것이 자녀가 둘 이상인 부모의 현실이다.

매일 싸우는 형제자매

"아이, 내 동생 예쁘다!"라며 아기 때는 그렇게 둘째를 예뻐하던 첫째. 하지만 둘째가 점점 크면서 상황이 달라진다. 첫째는 마냥 둘째를 예뻐하지만은 않고, 둘째도 가만히 있지만은 않기 때문이다.

"네가 내 장난감 만졌지?"

"아니거든!"

말로 시작한 다툼이 점점 커져서 치고 박는 일로 번지기도 한다. 서로 주먹다툼을 하는가 하면 물건을 던지기도 해서 부모로서는 아찔한 상황을 경험하기도 한다. 다른 집 아이들은 사이좋게 잘 지내는 것 같은데 왜 우리 집 아이들만 그렇지 않은지 걱정이 되기도 하고 화가 나기도 하는 게 부모의 마음이다.

하지만 그렇게 생각할 필요는 없다. 실제로 만 3~10세 아이들을 대상으로 조사를 해 본 결과, 1시간에 평균 3.5회 싸우는 결과가 나왔다. 하루에 8시간을 같이 있는다고 하면 약 30차례나 다투는 것이다. 게젤 아동발달연구소의 연구 결과에 따르면, 나이 차이가 적고 같은 성별일 때 갈등이 더 많은 것으로 조사되었다. 나이 차이가 많이 나지 않는 형제간, 자매간에 다툼이 더 많을 수밖에 없다는 말이다.

형제자매를 절대로 비교하지 마라

'열 손가락 깨물어 안 아픈 손가락이 없다.'고 하지만 아무래도 조금은 차이가 있게 마련이다. 아이가 여럿이라면 좀 더 야무지고 똑 부러진 아이가 있는 반면에 그렇지 못한 아이가 있기도 하다. 그러다 보면 "너희 누나는 안 그러는데 너는 왜 이렇게 덤벙대니?", "너희 오빠는 안 그러는데 너는 왜 공부를 못 하니?" 등의 잔소리를 하게 된다.

또 주양육자가 엄마일 경우, 엄마의 입장에서는 딸을 키우기가 편한 것이 사실

216 ●

이다. 아무래도 같은 여자로서 성향을 이해하기가 쉽고 생각이 비슷하기 때문이다. 더구나 딸은 아들에 비해 손이 덜 가는 면이 있다. 그러다 보면 남매를 키울 경우에는 비교가 될 수밖에 없다. "누나 키울 때는 안 그랬는데 너는 왜 이러는 거니?"라고 말이다.

또한 아이가 셋 이상일 경우에는 가운데 낀 아이에게 다소 소홀해질 수 있다. 첫째 아이는 가장 먼저 태어나 부모의 사랑을 오롯이 받고 자랐고, 막내 아이는 가장 마지막에 태어나 늦게까지 부모의 사랑을 듬뿍 받고 자라지만 중간 아이의 경우는 이도 저도 아니기 때문이다. 그래서 가운데 낀 아이들은 사랑받기 위해 일부러 튀는 행동을 할 때가 있다. 그러면 부모는 "언니도, 동생도 가만히 있는데 넌 왜 그러니?"라고 타박을 한다.

그런데 이런 부모의 말과 반응은 아이들에게 큰 상처가 될 수 있다. 아이들뿐만 아니라 사람들은 자신만의 잘하는 것과 못하는 것이 있게 마련이다. 그런데 이것을 비교할 경우에는 마음의 상처가 될 수밖에 없다. 비교는 누구에게나 상처가 된다. 성별에 따라 차별하는 것도, 아이가 태어난 순서에 따라 차별하는 것도, 비교하는 것도 부모라면 조심해야 한다. 아이는 말썽을 일으키는 존재가 아니라 저마다 자신의 개성이 있는 존재일 뿐이다.

가정에도 위계질서가 필요하다

아이들의 다툼을 부모가 중재할 때는 신중해야 한다. 예를 들어 오빠를 때리는 동생이 있다면, "오빠 때리면 안 돼."라고 말하는 것은 좋은 방법이 아니다. '오빠니까 때리지 말라고 하는 건가?'라고 생각해 동생이 섭섭한 감정을 느낄 수 있기 때문이다. 그것보다는 "어떤 상황에서도 사람을 때리면 안 돼!"라고 말하는 것이 좋다. 폭력은 나쁜 것임을 때리는 딸에게 알려 주어야 한다. "화가 난다고 해서 사람을 때리면 안 되지. 어떤 경우에도 폭력은 나쁜 것이기 때문이야."라고 단단히 일러 주어야 한다.

이때 부모는 "하지 마."라고 말하는 것보다는 "안 돼."라고 말하는 것이 바람직하다. "하지 마."라는 것은 '내가 할 수도 있고 안 할 수도 있는 것'으로 생각되어 "싫어! 할 거야!"라고 반발심을 가질 수 있다. 때문에 단호하게 "안 돼."라고 말을 해서 제대로 규율을 가르쳐야 한다.

또한 형제자매 중 맞고 있는 아이가 있다면 맞는 아이에게는 스스로의 마음을 잘 이야기할 수 있게 가르쳐야 한다. 좋은 것도 표현하지만 싫은 것도 표현하도록 가르쳐서 "아프니까 때리지 마.", "싫어. 괴롭히지 마."라고 확실히 말할 수 있도록 해야 한다. 자신의 생각과 마음을 분명하게 이야기하는 것은 중요하니까 표현을 해야 한다고 부모가 일러 주는 게 중요하다.

이렇게 각각의 아이에게 폭력은 안 되고, 싫은 감정도 표현해야 한다고 가르친 다음에는 서열과 위계를 가르쳐야 한다. 사실 서열과 위계는 사회 구성에 필요한데, 가정은 이러한 사회의 축소판이다. 위계질서가 안 잡힌 사회가 혼란스러운 것처럼 오랫동안 아이들 간에 싸움이 계속된다면 자녀 간의 서열과 위계질서가 제대로 잡혀 있는지를 확인해 봐야 한다.

"집에서까지 위계질서가 필요해요?"라고 물을 수 있지만 사실 가정에서도 위계질서는 필요하다. 가정은 아이가 가장 처음 사회 질서를 배우는 공간이기 때문에 위계질서는 반드시 필요하다. 가정에서 위계질서에 대해 배우게 되면 사회에서도 자연스럽게 위계질서에 대해 알게 된다. "위계질서라니 너무 전근대적인 사고 아니에요?"라고 의문을 가질 수 있는데 전혀 그렇지 않다. 위계질서란 상하 관계에서 마땅히 있어야 하는 차례와 순서이기 때문이다.

그렇다면 가정에서 어떻게 하면 자연스럽게 위계질서를 가르쳐 줄 수 있을까? 자주 일어나는 작은 일에서부터 순서와 위계를 가르치는 게 좋고 일관성 있는 태도가 필요하다. 밥을 먹을 때 동생보다 오빠가 먼저 수저를 들게 하거나, 가족이 함께 외식할 때 오빠에게 먼저 뭐 먹고 싶은지 물어보는 것도 위계질서를 잡는 방법이 될 수 있다.

또한 형제자매 간에 문제가 생겼을 때는 아이들을 각자 따로 데리고 가서 이야기를 들어 볼 필요가 있다. 같은 곳에서 이야기를 하면 큰 아이는 체면이 구겨지고, 동생은 큰 아이를 무시하는 마음을 갖게 될 수도 있다. 부모라면 큰 아이 입장에서도, 둘째 아이의 입장에서도 이야기를 충분히 들어 봐야 한다. 그런 다음에 조언을 해 주는 것이 바람직하다.

행복한 자녀를 위한 부모의 자세

아이들에게는 부모의 사랑을 나눠 가져야 한다는 사실 자체가 스트레스일 수밖에 없다. 그래서 형제간 싸움은 일상적인 일이고 그다지 나쁜 것도 아니다. "우리 아이들은 매일 싸워요."라고 걱정할 필요가 없다는 말이다.

아이들은 형제 관계를 통해서 사회적 관계를 경험하고, 앞으로의 또래 관계를 형성하는 데 영향을 받는다. 형제 관계에 일어나는 일들은 아동의 성장 발달에서 중요한 요소가 된다. 그렇기 때문에 싸움의 해결책을 찾는 등 아이들끼리의 갈등을 해결하는 과정이 있는 형제 다툼의 경험은 긍정적인 또래 관계 및 사회적 관계의 기반이 될 수 있다. 때문에 자녀들 간의 관계를 잘 정립해 주는 데 부모의 역할이 무척 중요하다.

하나, 부모 스스로 부족한 부분을 인정하라!

부모도 사람이고 누구나 실수를 할 수 있다. 만약 실수를 했고 잘못을 했다면 솔직하게 인정하는 것이 좋다. 아이에게 말실수를 해서 상처를 주었다면, "너에게는 분발하라는 의미로 한 말이었는데 네게 상처가 되었다면 그건 정말 미안하다."고 솔직하게 말하는 것이 좋다. 그래야 아이들도 자신의 잘못이나 실수를 솔직하게 인정할 수 있다.

둘, 자녀의 강점과 취약점을 파악하라!

아이들은 모두 같지 않다. 따라서 아이들의 강점과 취약점이 서로 다른 것을 인정해 주어야 한다. 아이들마다 잘하는 것이 있고, 못하는 것이 있을 수 있다. 따라서 아이를 잘 관찰하고 "우리 아들은 정리 정돈을 참 잘하는구나.", "우리 딸은 약속을 정말 잘 지키는구나."처럼 아이가 잘하는 것을 많이 격려하면 아이는 그 부분을 더 잘하기 위해 노력하게 되고 자존감도 함께 높아질 수 있다.

셋, 가운데 아이에게 신경을 쓰라!

아이가 셋 이상이라면 첫째와 막내에 비해 가운데 아이에게 신경이 덜 가는 경우가 많다. 그러다 보면 가운데 아이는 부모의 사랑이나 관심을 받기 위해 일부러 돌출 행동을 하거나 엇나가는 행동을 할 수 있다. 때문에 의식적으로라도 가운데 아이에게 신경을 쓸 필요가 있다. 위로는 첫째 아이에게, 아래로는 동생에게 치이는 아이의 마음을 달래 주고 칭찬과 격려를 아끼지 말아야 한다.

Q. 한 배에서 낳은 아이들인데 정말 성격이 제각각인 것 같아요. 첫째는 독립적인 성격인 반면에 둘째는 욕심이 많아요. 막내는 뭐든지 다 해 달라고 하고요. 혹시 이런 성격이 출생 순서와도 관련이 있나요?

A. 아이는 출생 순서에 따른 성격의 차이가 있습니다. 정신분석학자 알프레드 아들러의 '열등감' 연구 중에는 형제간의 성격을 정리한 연구도 있습니다. 이 연구에 따르면 출생 순서에 따라 성격이 일반적으로 다른 것을 알 수 있습니다.

- 첫째는 부모의 사랑과 관심을 독차지했던 경험을 갖고 있기 때문에 온화한 성격이 많지만 동생의 출현으로 부모의 사랑을 되찾지 못한다는 것을 알고 고립되는 경향이 있습니다.

- 둘째는 태어날 때부터 이미 형이라는 경쟁자를 의식하기 때문에 경쟁심이 강하고 욕심과 권력욕이 강합니다.

- 막내는 귀염둥이이거나 전혀 반대로 무관심 속에 자라는 경우가 많습니다. 자기보다 우월한 형제들 속에서 자연스럽게 의존적인 성격을 갖게 됩니다.

- 중간은 형과 동생 사이로 경쟁자들에게 둘러싸여 있어 자신의 존재를 알리기 위해 경쟁심이 무척 강합니다. 그리고 스스로를 불쌍하게 여기는 경향이 있습니다.

02
엄마와 딸도
대화가 필요해

"싫어! 이 옷 안 입을 거야!"

"왜 안 입어! 바쁘니까 그냥 입어!"

"치! 엄마는 맨날 엄마 마음대로 해!"

"뭐? 너 지금 엄마에게 '치'라고 한 거야?"

엄마와 딸이 있는 집이라면 종종 벌어지는 실랑이이다. 사이가 좋을 때는 누구보다 친하지만, 의견이 맞지 않을 때는 누구보다 살벌한 사이가 되기도 하는 게 엄마와 딸 사이이다.

욱하는 엄마, 멀어지는 딸

'어우, 쟤는 왜 저러나 몰라.'라고 엄마는 딸을 보고 답답해한다. 아무거나 후딱 입고 나가도 되는데 그게 그것 같은 걸 고르느라 시간이 지체되기 때문이다. 그래서 엄마는 딸에게 잔소리도 하고 화도 낸다. 그런데 자세히 보면 엄마와 딸은 많이 닮았다. 세심하게 입을 옷을 고르는 딸을 둔 엄마라면 엄마 역시 그랬을 때가 많고, 반찬투정을 하는 딸을 둔 엄마라면 엄마 역시 그랬을 때가 많다. 사실 그렇기 때문에 엄마는 딸의 그런 모습에 화를 내기도 한다. 자신의 잘못된 버릇이나 습관을 아이에게서 발견하기 때문이다.

그런데 이렇게 싫은 모습을 보면 엄마는 절대로 좋게 이야기하지 않는다. "그만 좀 해!", "빨리 빨리 좀 해!"라고 잔소리를 한다. 이런 잔소리를 좋아할 딸은 세상 어디에도 없다. 아이들은 엄마가 자신의 의견만 이야기하는 것도, 자기 이야기를 들어 주지 않는 것도, 말하기 싫은데 말 시키는 것도 결코 좋아하지 않는다.

여성가족부가 전국 5개 주요 광역도시에서 거주하는 부모 1,000명과 초등학생 자녀 635명을 대상으로 '아이와 부모가 생각하는 좋은 부모'에 대해 설문 조사를 했다. 그 결과 초등학생은 말을 잘 들어 주고 대화를 많이 하는 부모, 함께 많은 시간을 보내는 부모, 남과 비교하지 않고 그대로 받아들이는 부모를 좋은 부모로 꼽았다. 부모 역시 말을 잘 들어 주고 대화를 많이 하는 부모, 남과 비교하지 않고 그대로 받아들이는 부모를 좋은 부모로 생각했다.

아이와 부모 모두 '좋은 부모란 말을 잘 들어 주고 대화를 많이 하는 부모'인 것에 응답한 것을 알 수 있다. 하지만 실제 가정에서의 모습을 보면 특히 엄마와 딸 사이에서 대화하기에 앞서 화를 내거나 잔소리를 하거나 토라지는 경우가 자주 있다.

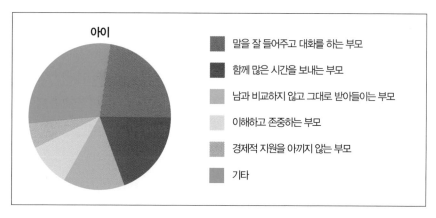

아이

- 말을 잘 들어주고 대화를 하는 부모
- 함께 많은 시간을 보내는 부모
- 남과 비교하지 않고 그대로 받아들이는 부모
- 이해하고 존중하는 부모
- 경제적 지원을 아끼지 않는 부모
- 기타

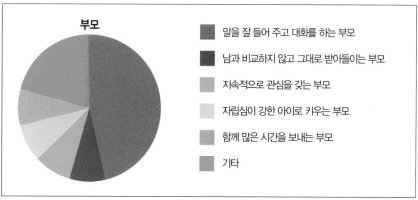

부모

- 말을 잘 들어 주고 대화를 하는 부모
- 남과 비교하지 않고 그대로 받아들이는 부모
- 지속적으로 관심을 갖는 부모
- 자립심이 강한 아이로 키우는 부모
- 함께 많은 시간을 보내는 부모
- 기타

▲ '아이와 부모가 생각하는 좋은 부모' 설문 조사 (여성가족부, 2016)

그 어머니에 그 딸이다

'모전여전(母傳女傳)'이라는 말이 있다. 어머니가 딸에게 대대로 전한다는 말로, 어머니와 딸이 닮은 것을 가리킨다. 실제로 아이는 부모를 닮기 마련이다. 태어나기도 전에 뱃속에서 가장 많이 영향을 받은 것이 부모이고, 태어나서도 생활 방식이라든지 대화법에서 많은 영향을 받는 것이 부모이기 때문이다.

그러다 보니 서로 취향이 비슷해서 좋을 때는 아주 많이 좋지만, 상황을 파악하는 시선이나 반응이 같은 경우가 많아 부딪칠 때도 많다. 서로의 잘못이 먼저 보이고 자기 생각이 더 옳다고 여겨 주장하게 되는 것이다. 이런 경우에 자칫하면 마치 탁구처럼 서로 싫은 말을 탁탁 주고받는 '핑퐁 모녀'가 되기 쉽다. 상대가 무슨 말을 하면 잠깐 생각해 보지도 않고 말로 바로 받아치고 서로 부딪치는 상황이 되기도 한다.

이럴 때 가장 좋지 않은 것이 바로 '잔소리'이다. 잔소리는 인간관계를 좋지 않게 만드는 대표적인 행동에 속한다. 청소를 하려고 마음을 먹었다가도 "네 방은 왜 돼지우리 같니? 청소 좀 해라. 청소 좀!"이라는 잔소리를 들으면 청소하고픈 마음이 싹 사라진다. 오히려 "싫어!"라고 반발하는 말을 하게 되어 관계가 악화된다.

실제로 미국 14살 청소년 32명에게 엄마의 잔소리 음성을 30초 들려줬더니 급격하게 뇌의 활성도가 떨어지는 연구 결과가 나왔다. 미국 피츠버그 대학교와 UC 버클리 대학교, 하버드 대학교가 공동 연구를 한 것으로 잔소리가 뇌에 미치는 영향이 부정적인 것을 실험한 내용이다. 이처럼 잔소리는 아주 빠른 속도로 부정적인 감정이 들게 해서 관계를 악화시킬 수 있다.

초등학생이 뽑은 듣기 싫은 잔소리 베스트 5

1. 일어나.

2. 숙제했어?

3. 학원은?

4. 그러다 어떡할래?

5. 다 너 잘되라고 하는 소리지.

엄마와 딸의 관계 회복을 위한 솔루션

하나, 대화에 부정적인 감정을 담지 마라!

대부분의 엄마들 잔소리에는 내용뿐만 아니라 감정도 담겨 있다. 반찬투정을 하는 아이에게 하는 잔소리라면 '반찬투정을 하면 안 된다.'는 내용에 덧붙여 '너 때문에 너무 힘들다.'는 감정까지 담는다. 이렇게 잔소리에 내용과 감정까지 담아 전달하다 보니까 아이들은 내용을 들으려고 하지 않는다. 감정적인 표현이 너무 높으면 내용이 제대로 전달될 수 없다. 따라서 전달하려는 내용을 간결하게 이야기하는 게 필요하다. 대화할 때 감정 이입을 너무 많이 하면 싸움이 될 수 있다, 감정보다는 내용을 간결하게 전달하는 것이 중요하다.

둘, 아이의 이야기를 경청하라!

대화가 아닌 일방적이고 통제적인 소통을 하면 아이의 입장에서는 '잔소리는 싫은 것'이라는 생각을 가질 수밖에 없다. 대화의 기본은 잘 듣는 것, 즉 경청이다. 아이의 말이 잘못된 것이라도 잘 들어 주고 이야기를 끝까지 할 수 있게 해야 한다. 자녀의 말을 끝까지 듣고 반응해야 한다. 그리고 아이가 잘한 것, 아이가 힘든 것도 인정해 주어야 한다.

셋, 엄마 스스로 자신을 인정하라!

자신을 제대로 이해해야 바뀔 수 있다. '나는 아무 잘못이 없는데 아이만 문제'라고 생각한다면 문제는 쉽게 해결될 수 없다. 엄마도 자신의 허물을 제대로 인정해야 긍정적인 대화를 할 수 있다. 그러기 위해서는 자녀와의 대화를 녹음해서 들어 보는 게 좋다. 그러면 자신이 평소에 아이에게 어떻게 이야기하는지 정확하게 알 수 있다.

넷, 자녀의 잘못을 자꾸 강조하지 마라!

처음에는 아이의 반찬투정으로 이야기를 하다가 끝에는 "너 지금 말버릇이 그게 뭐야?"라고 잔소리를 하게 된다. 그러면 아이도 화가 난다. 이럴 때 엄마는 아이의 격분을 스펀지처럼 받아들일 수 있어야 한다. 그리고 아이가 잘못한 것을 자꾸 강조하지 말아야 한다. 자꾸 말하다 보면 싫은 잔소리가 될 수밖에 없다. 또한 아이와 대화를 하다가 대화가 잘 되지 않을 때는 대화를 중단해야 한다. '오늘은 그만하자!'라고 하는 게 좋다. 그래야 서로 감정이 상하지 않고 다음에 다시 대화를 이어 나갈 수 있다.

사실 엄마와 딸 사이는 누구보다 가까운 사이이고 누구보다 서로를 이해할 수 있는 사이이다. 같은 성별을 가진 여성이고, 비슷한 환경에서 살고 있는 가족이고, 서로의 장점과 단점을 모두 알고 있는 존재이기 때문이다. 그러다 보니 서로 실수를 할 수도 있고 상처를 줄 수도 있다.

　하지만 엄마가 있다는 것, 딸이 있다는 것은 삶을 살아가는 데 큰 힘이 된다. 실제로 역사적으로도 엄마의 뒤를 이어 훌륭한 업적을 남긴 위인들을 많이 찾아볼 수 있다. 조선 중기의 여류 예술가 신사임당은 「초충도」, 「산수도」 등의 작품을 남겼는데, 신사임당의 맏딸인 이매창 역시 그림에 능해 「매화도」라는 작품을 남겼다.

　또한 원소들을 발견하고 라듐을 분리한 공적을 인정받아 두 번이나 노벨상을 받은 마리 퀴리와 그녀의 딸 이렌 퀴리도 있다. 이렌 퀴리는 어머니 마리 퀴리의 연구를 이어서 계속하였고, 어머니의 뒤를 이어 노벨상을 수상하며 방사능의 실체를 세상에 알려 주었다.

　이처럼 딸은 엄마의 모습을 알게 모르게 닮아 가고, 엄마는 딸에게 많은 영향을 주는 게 사실이다. 서로 닮았기 때문에 부딪치는데 이럴 때는 마음을 열고 대화하고 서로의 이야기에 귀를 기울이면 된다. 대화만큼, 소통만큼 서로를 이해할 수 있는 좋은 방법은 없기 때문이다. 그러면 어느 누구보다 본받고 싶은 엄마, 어느 누구보다 사랑하는 딸이 될 수 있을 것이다.

Q. 딸아이가 어렸을 때는 서로 대화를 하는 게 괜찮았어요. 아이도 고분 고분하게 말을 잘 듣는 편이었고요. 그런데 아이가 점점 크면 클수록 아이와 잘 지내는 게 힘들어요. 어떻게 하면 좋을까요?

A. 아이는 크면서 열두 번도 더 바뀝니다. 어렸을 때는 엄마 말이면 "네!" 하던 아이들도 좀 컸다고 자기 목소리를 내는 경우가 많습니다. 하지만 이건 나쁜 일이 아닙니다. 성장 과정에서 자연스러운 현상이기 때문입니다.

특히 사춘기로 접어들면서 아이들은 많이 변합니다. 사춘기에 접어드는 시기를 여학생은 초등학교 4~5학년, 남학생은 초등학교 5~6학년으로 봅니다. 이때는 자아가 형성되는 시기입니다. 사춘기는 '인생의 골든타임'이라 할 수 있습니다. 특히 이 시기에 부모와 좋은 관계를 맺는 게 중요합니다. 충동이 거세지는 시기여서 강압적으로 하기보다는 권유나 권고를 해 주는 것이 바람직합니다. "그냥 엄마가 시키는 대로 해"라고 말하는 게 아니라, "그렇게 하는 것보다 이렇게 하는 게 어떨까?"라고 말하는 게 좋습니다.

03
아빠와 아이 사이,
시간이 필요해

"아빠 미워!"

"아빠도 너 미워!"

바라만 봐도 애틋할 아빠와 아들 사이에 서로 싫다는 이야기가 오가면 엄마는 속상할 수밖에 없다. 서로 감싸 주기에도 모자란 시간, 냉랭하게 아무 말도 하지 않거나 입만 열면 헐뜯고 서로 싸우기 바쁘다면 아무리 가족이라도 힘들기 마련이다. 서로 말하기 싫어서 대화를 하지 않거나 입만 열면 서로 싸우는 아빠와 아들 사이, 대체 무엇이 문제인 걸까?

아버지 하면 떠오르는 것은?

「EBS 다큐프라임-파더 쇼크」에서 '아버지 하면 어떤 단어가 떠오르는지?'를 아이를 둔 성인 남자들에게 물었다. 그러자 '무관심한 / 엄격한 / 화 잘 내는'과 같은 단어를 떠올렸다. 반면에 '아이에게 어떤 아빠가 되고 싶은지?'를 물었을 때는 '마음을 읽어 주는 / 칭찬을 많이 해 주는 / 좋은 아빠가 되고 싶다.'고 답했다. 안타깝게도 같은 질문을 아이들에게 했을 때 아이들은 '아빠가 잘난 척하고 / 일개미이며 / 야행성'이라고 답했다. 좋은 아빠가 되고 싶지만 실제로는 그러지 못하는 현실이다.

2015년 조사에 따르면 아버지와 아이가 함께 보내는 시간이 우리나라는 하루 평균 3분에 불과하다고 한다. 이는 OECD 국가의 하루 평균 시간인 47분에도 한참 미치지 못하는 수치이다. 아이와 함께 보내는 시간이 극도로 적기 때문에 아이들은 아빠에 대해 제대로 알지 못하고, 아빠는 아이들에게 좋은 아빠가 되지 못하는 것이다.

또한 함께 보내는 짧은 시간 동안 사랑을 듬뿍 주는 대화보다 그렇지 못한 대화로 관계를 더 멀어지게 만드는 경우도 있다. 어른들이 가장 많이 하는 잘못된 대화법이 '명령 지시형'과 '경고 위협형'이다. "빨리 와서 밥 먹어!"라고 명령하거나 "열 셀 동안 장난감 안 치우면 버릴 거야!"라고 위협하는 것과 같은 대화는 아이들에게 공포감만 준다. "어른한테 그런 말 하는 거 아니야!"라고 설교하며 훈계하거나 "옆집 애는 벌써 한글 다 읽는대."라고 비교하는 것도 올바른 대화법이 아니다.

아이와 오랜 시간을 함께 보내지도 못하면서 이런 대화로 그 시간을 가득 채운다면 아이 입장에서는 '우리 아빠 무서워.', '아빠랑 있기 싫어.', '아빠는 맨날 야단쳐.', '아빠는 나에게 나쁜 말만 해서 싫어.'라는 감정이 싹트게 된다. 서로에 대해 이해할 시간이 부족한 상태에서 좋지 못한 대화만 오고간다면 사이가 좋아질 수 없다.

부족한 아빠의 육아 시간

부산여성가족개발원의 2016년 조사에 따르면 주중 1일 평균 육아 시간이 아빠는 1.38시간으로 엄마의 7.07시간의 5분의 1 수준에 그치는 것으로 나타났다. 반면에 만 8세 이하 자녀를 둔 아빠 1,000명을 설문 조사한 결과 전체의 99.9%가 '아빠의 육아 참여가 필요하다.'고 답하였다. 이를 볼 때 육아 시간은 부족하지만 아빠 역시 육아에 관심이 크며 적극적으로 참여하고 싶어 하는 것을 알 수 있다.

그런데 많은 아빠가 아이와 잘 지내지 못해 고민이다. 흔히 가부장적인 아버지는 아이에게 '명령조'로 이야기한다. "넌 아빠가 시키는 대로 해.", "말대꾸하지 마.", "어른이 말하는데 어디 감히!" 그러다 보면 아이는 당연히 아빠를 무서워하거나 어려워할 수밖에 없고 대화를 길게 하는 것을 꺼리게 된다. 괜히 길게 이야기를 해 봤자 좋은 소리를 듣지 못하기 때문이다.

그런데 어른의 입장에서 아이를 생각하면 곤란하다. 어른의 입장에서는 당연한 것도 아이의 입장에서는 '왜 그런 거지?'라고 생각할 수 있는 것이 많다. 어른의 입장에서는 '공공장소에서는 조용히 해야 하는 것'이 당연하지만, 아이의 입장에서는 '다 같이 재미있는 게 좋은 것'일 수 있기 때문이다. 이처럼 아이와 시각이 다른 어른의 입장에서 훈계를 해서라도 빨리 가르치려고 하다 보면 조급해지는 경향이 있다.

물론 가정은 작은 사회로서 많은 것을 가르쳐야 하는 공간이다. 하지만 가족은 사랑을 기본으로 소통을 해야 하는 사이임을 잊지 말아야 한다. 가족은 서로 가르치고 가르침을 배우는 것도 중요하지만, 그것보다 더 중요한 것이 따뜻한 사랑과 지지이다. 이것을 바탕으로 서로 힘들 때 위로가 되어 줘야 하는 곳이 가정이기 때문이다.

"아이가 잘못했으면 당연히 부모가 가르쳐야지요.", "아이의 비위를 맞추라는 건가요?"라며 고개를 갸웃거리는 부모들도 있을 수 있다. 어른 입장에서 아이를 생각하면 곤란하다는 말은 무조건 아이의 비위를 맞추라는 것이 아니다. 아이와 어른은 시각이 다르므로, 아이의 눈높이를 맞춰 주는 것이 필요하다는 의미이다.

아이와 함께 있는 시간 자체가 부족한 아빠를 위해 아빠의 육아 참여 시간을 늘리는 것이 중요하다. 하지만 현실적으로 그게 힘든 상황이라면 아이와 함께 있는 시간을 적극적으로 활용할 필요가 있다. 사랑을 가득 담아 서로에게 격려가 되는 이야기를 나누고 지지가 되는 행동을 해 주는 것이 아빠로서의 역할이기 때문이다.

아빠도 가족의 일원이다

아이에게는 엄마 아빠가 있지만 어느 사이에 점점 아빠는 육아에서 밀려나는 것이 현실이다. 처음에는 익숙하지 않아서, 어색해서 아이 보는 것을 드문드문 하다 보면 나중에는 그게 당연해지고, 아이도 불편해해서 더 멀어지는 것이다. 하지만 아빠가 육아에 함께 참여하는 것은 아이는 물론 아빠에게나 가정에 큰 힘이 된다.

미국 소아과학회에 따르면 생후 6개월 이상 아이들에게 아빠가 매일 책을 읽어 주는 것이 지능을 높이는 데 큰 도움이 된다고 한다. 정서적인 편안함과 유대감이 생길 뿐 아니라, 아빠가 매일 책을 읽어 주면 아이의 감각을 더 많이 자극하는 효과가 있다는 것이다.

또한 호주 뉴캐슬 대학교 연구팀이 5세 미만 아이를 둔 가정을 대상으로 조사한 결과, 아빠와 몸으로 부대끼는 놀이가 아이들의 신체 발달에 좋은 영향을 준다고 한다. 뿐만 아니라 아빠와의 다소 과격한 놀이가 감정과 생각을 조절하는 능력을 키우는 데 큰 도움이 된다고 한다. 엄마와의 놀이와는 다른 아빠와의 놀이를 경험하면서 여러 감정을 통제하는 방법을 배우게 되는 것이다.

뿐만 아니라 영국 옥스퍼드 대학교에서 아이들을 대상으로 오랜 기간 발달 과정을 살핀 결과, 아빠와 다양한 접촉을 하며 긴밀하게 자란 아이는 학업 성적이 우수하고 인성이나 사회성 면에서도 우수하다는 연구 결과가 나왔다. 아빠의 역할이 아이의 성적, 인성, 사회성에 큰 영향을 주는 것으로 조사되었다.

이처럼 아빠들이 아이의 육아에 참여함으로써 얻는 효과는 아주 많다. 놀랍게도 이런 효과는 아이에게만 좋은 것은 아니다. 육아를 함께함으로써 엄마의 부담을 줄일 수 있고, 부부간에 대화를 보다 심도 깊게 할 수 있다. 아빠 역시 '가족의 일원으로 매우 중요한 사람'이라는 생각을 갖게 되고 가정 내에서 자신의 자리를 제대로 잡을 수 있다.

아빠 육아에도 기본 원칙이 필요하다

아이를 키우는 일에는 많은 변수가 있을 수밖에 없다. 평소에는 떼를 부리지 않는 아이였는데 조부모와 함께 있을 때는 엄마 아빠를 무시하는 발언을 한다거나,

순한 아이인데 졸릴 때면 극도로 짜증을 낸다거나, 말을 잘하는 아이인데 사람이 많아지면 입을 꾹 다무는 등 아이들은 함께 있는 사람에 따라, 상황에 따라, 장소에 따라 다르게 행동하기 때문이다.

따라서 아이를 잘 키우기 위해서는 변수에 흔들리지 말고 육아의 기본 원칙을 지킬 필요가 있다. 육아의 기본 원칙으로 가장 중요한 것은 바로 '배려와 사랑'이다. 이 기본 원칙이 어긋나면 아이는 크게 상처를 받을 수 있다. 부모가 생각할 때는 훈육이 필요하다고 생각해서 야단을 쳤는데, 아이에게는 공포의 감정만 남을 수 있다.

만약 마트에서 아이가 갖고 싶은 게 있어서 떼를 부린다면 아빠로서는 난감할 수밖에 없다. 심지어 화가 나기도 한다. 이때 "너 떼 안 부리기로 해 놓고 왜 이래!"라며 아이에게 소리를 지르거나 체벌을 한다면 그것은 아이에게 교육이 아니고 공포일 뿐이다. 특히 상처를 잘 받거나 두려움이 많은 기질의 아이라면 아빠를 이해하지 못할 뿐이다.

많은 아빠가 아직 미숙한 아이를 보면 답답한 마음에 아이를 한 인격체로 보지 않고 가르쳐야 할 대상으로만 본다. 그래서 "자, 빨리 옷 입어.", "지금은 책을 볼 시간이야. 그만 놀아."라고 말한다. 하지만 이러한 대화가 지속된다면 아이는 스스로 판단할 수 있는 기회가 적어진다. 그러면 자신의 생각 없이 아빠에게 의존하는 아이가 된다.

또한 아이가 말을 듣지 않는다고 해서 아빠라는 권력으로 위협하고 억누르면 안 된다. "너 아빠 말 안 들어?"라고 위협하면 당장에는 문제가 사라진 듯하지만 아이는 불만을 갖게 되고 그 감정은 풀리지 않은 채 그대로 남게 된다. 이렇게 차곡차곡 쌓인 아이의 감정은 어느 순간 공격성으로 나타나기도 하고, 아이의 자존감을 떨어뜨리는 원인이 되기도 한다.

이처럼 육아라는 것은 단순하지 않다. 하지만 기본 원칙인 '배려와 사랑'을 지킨다면 첫걸음은 제대로 내디딜 수 있다. 어른과 아이이지만, 아빠와 자식이지만 서로 배려하고 또 서로 사랑하는 마음을 가지고 이해한다면 순간순간 생기는 문제와 어려움은 쉽게 해결할 수 있다.

아빠 육아를 제대로 하기 위해서는 먼저 아이와 함께 시간을 충분히 보내고, 아이와 함께 아이가 좋아하는 것을 하는 것이 좋다. 무엇보다도 서로 이해할 수 있는 시간을 갖고 서로 배려할 수 있는 마음을 갖는 것이 필요하다. '내가 아빠니까 넌 무조건 내 말을 따라야 해.'라고 생각하는 것도 좋지 않고, '아이고, 귀여운 아들, 아빠가 네 말은 무조건 들어줄게.'라고 생각하는 것도 좋지 않다. 서로가 서로를 위해 한 걸음씩 물러나고 또 한 걸음씩 다가가야 한다. 그게 바로 육아이고 또 가족의 모습이다.

전문가
Q&A

Q. 부모도 아이를 키우는 것은 처음이라 실수도 많고 시행착오도 많은 것 같습니다. 어떻게 하면 좋은 아빠, 좋은 부모가 될 수 있을까요? 아이에게 좋지 않은, 피해야 할 양육 태도가 있다면 알려 주세요.

A. 최근에는 친구 같은 아빠라는 뜻인 '프렌디(friendy : friend와 daddy를 합친 신조어)'라는 단어가 나올 정도로 육아에 관심이 많고 아이와 잘 지내는 아빠가 많습니다. 하지만 아이에게 어떻게 다가가야 할지 몰라서 고민하는 부모나 아빠도 여전히 많습니다. 미국의 교육학자인 미셸 보바는 '부모가 피해야 할 양육 태도'를 다음과 같이 제시하였습니다.

하나, 헬리콥터 양육은 하지 말아요!

이런 부모들은 아이들이 실패와 마주치는 것을 두고 보지 않습니다. 아이가 혹여 다칠까 봐 걱정하여 아이가 스스로 해낼 수 있는 일임에도 불구하고 통제와 간섭을 통해 아이를 양육합니다. 하지만 이렇게 과잉보호하면 아이들이 무언가를 하고자 하는 동기까지 꺾을 수 있습니다.

둘, 인큐베이터 양육은 안 돼요!

아이가 연령에 맞는 발달 수준에 이르기도 전에 무리하게 선행학습을 시키는 부모들을 말합니다. 아이는 발달 수준에 맞게 자라는 것이 중요합니다. 아이의 능력을 과대평가해

선행학습을 하는 것은 아이를 망치는 지름길일 수 있습니다.

셋, 반창고 양육은 피해야 해요!

문제가 생기면 제대로 문제를 들여다보는 게 중요합니다. 그런데 제대로 된 문제해결이 아니라 문제를 빨리 해결하는 데만 급급한 경우가 있습니다. 아이가 시끄럽게 굴 때 그 순간을 모면하기 위해 스마트폰을 쥐어 주는 경우를 예로 들 수 있습니다.

넷, 액세서리 양육은 나빠요!

아이를 액세서리로 생각하는 부모들로서, 아이의 성공 여부에 따라 자신의 가치와 성공 여부를 평가하는 유형을 말합니다. 아이는 부모의 분신이 아닌 개별 인격체로 대해 주어야 함을 잊지 말아야 합니다.

다섯, 부차적인 양육은 좋지 않아요!

아이의 삶을 컴퓨터, TV 등의 미디어나 다른 사람에게 방치하는 유형을 말합니다. 이런 행동은 아이를 포기하는 것과 마찬가지입니다. 아이는 나와 긴밀한 가족임을 잊어서는 안 됩니다.

04
조부모가
손주 교육에 나섰다

"할마! 할마!"

"오냐, 내 강아지."

"나 사탕 사 줘."

"사탕은 많이 먹으면 이 '아야' 하니까 집에 가서 과일 먹자."

할머니 할아버지 손을 잡고 다니는 어린아이들을 심심치 않게 볼 수 있다. 조부모가 직접 손주들의 육아는 물론 교육에 나서고 있기 때문이다.

할마, 할빠의 등장

황혼 육아

할마, 할빠

손주병

할류 열풍

피딩족

'이게 무슨 말이야?' 할 수 있지만, 최근에 할머니 할아버지가 손주들의 육아에 적극적으로 참여하면서 새롭게 생겨난 말들이다. '황혼 육아'는 말 그대로 사람의 생애가 한창인 고비를 지나 어스름해지는 나이일 때 하게 되는 육아를 말하고, '할마, 할빠'는 단순히 할머니, 할아버지가 아니라 '할머니+엄마', '할아버지+아빠'를 가리키는 의미로 사용된다.

또한 '손주병'은 육아를 조부모가 감당하다가 신체에 부담이 가게 되면서 생기는 질병을 말하며, 할머니 할아버지 고객이 큰손으로 떠오르면서 '한류 열풍'이 아닌 '할류 열풍'이란 말이 생겼다. 이와 비슷한 의미인 '피딩족'은 경제적으로 여유가 있고 육아를 즐기면서 자녀에게 헌신적인 50~70대 할머니 할아버지를 가리킨다. 이들은 손주를 위해 고가의 의류나 장난감 등을 구입하는 것을 마다하지 않는 구매력 높은 실버 세대이기도 하다.

이렇게 신조어가 쏟아져 나올 정도로 조부모가 육아에 참여하는 일은 점점 늘어나는 추세이다. 2012년 보건복지부 전국 보육 실태 조사 결과에 따르면 맞벌이 부부 중 조부모에게 육아의 도움을 받는 비율은 50.5%에 이른다고 한다. 맞벌이 가구 상당수가 조부모에게 육아를 의존하고 있는 것이다.

조부모가 키운 아이의 특징

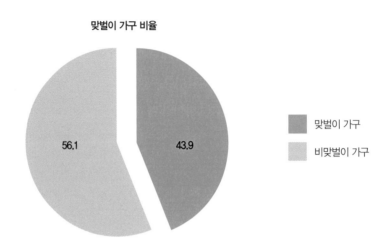

맞벌이 가구 비율

56.1　43.9

■ 맞벌이 가구
■ 비맞벌이 가구

　통계청의 조사 결과, 2015년 기준으로 배우자가 있는 전국의 가구 수는 약 1,185만 8,000가구이며, 이 중 맞벌이 부부 가구는 약 520만 6,000가구로 전체의 약 43.9%를 차지한다. 이는 2014년 기준 대비 약 2만 가구 증가한 것이다. 이처럼 맞벌이는 점점 늘고 있는 추세이다.

　이렇게 자식들이 맞벌이를 하는데 아이들을 맡길 곳이 없다면 조부모들이 "그래, 내가 봐 줄게."라며 나설 수밖에 없다. 다행히 의학이 발달하고 영양 상태가 좋아지면서 이전에 비해 60~70대에도 건강하여 적극적으로 손주 교육에 참여할 수 있게 되었다.

　그렇다면 조부모가 키운 아이들은 어떤 특징이 있을까? 우선 할머니 할아버지가 키운 아이들은 '내리사랑'을 경험한다. 자식을 키울 때보다 마음의 여유가 있기 때문에 아이를 조급하게 키우지 않는다. 아이가 실수를 했을 때도 "아이쿠, 이 녀석 또 쉬야 실수했어? 조심해야지."라고 말하며 여유가 있다. 이렇게 조부모가 키운 아이들은 부모가 키우는 아이와 달리 양육에서 적당한 거리가 있는 관대한 육아를 경험하게 된다. 또한 조부모는 손주들에게 조건 없는 사랑과 무한한 지지를 보낸다.

퇴계 이황은 15년 동안 손자에게 편지를 썼는데 "지금 당장 읽고 있는 책을 손에서 놓고 산을 내려와 좋은 벗과 함께 더불어 공부해야 성인이 될 수 있다."는 내용을 전하기도 했다.

2015년 미국 노스캐롤라이나 대학교 연구에 따르면 조부모와 가까이 지낼수록 손자의 능력을 최대치로 발휘할 수 있다고 한다. 조부모가 키운 아이는 신체적, 지적, 사회적 성숙도가 높다는 호주의 가정에 관한 연구도 있다. 또한 옥스퍼드 대학교 & 런던 대학교 교육대학원 공동 연구에 따르면 조부모와 시간을 많이 보낼수록 어려움에 대한 대처 능력이 뛰어나다고 한다.

손주 양육은 양날의 검이다

버락 오바마, 빌 게이츠, 오프라 윈프리의 공통점은 무엇일까? 모두가 조부모가 키운 세계 유명인사라는 점이다. 실제로 버락 오바마는 "내가 편견 없이 자랄 수 있었던 것은 모두 외할머니 덕분"이라고 이야기할 정도이다. 이렇게 부모가 아이에게 단단한 발판이 되어 준다면, 조부모는 손주에게 부드러운 스펀지가 되어 줄 수 있다.

손주를 조부모가 키우는 것은 부모에게나 손주에게는 물론 조부모에게도 긍정적인 면이 많다. 손주를 키우면서 조부모의 생활은 많이 바뀐다. 생활의 활력이 생기고 삶의 목표가 생기기도 한다. 더불어 아이라는 공통분모 속에서 조부모와 부모 사이도 돈독하게 된다. 손주를 키우면서 조부모의 금슬이 좋아지기도 한다.

하지만 손주 양육으로 생기는 문제도 많다. 조부모와 부모의 육아 방식이나 교육관이 맞지 않아 갈등이 생기기도 한다. 그로 인해 오히려 조부모와 부모 세대 간에 사이가 나빠지는 경우도 있다.

실제로 6살 손자를 키우고 있는 한 할머니는 "젊은 엄마들처럼 못 보살펴 주는 것 같아 고민이 많다."고 했다. 또 아들내외가 맞벌이이다 보니 손자를 키우는 게 힘들어도 내색조차 하기 힘들다고 했다. 옛말에 '애 키운 공은 없다.'는 말이 있는데 자기도 그런 것 같다며, 최선을 다해 키운다고 해도 손자한테 조금만 문제가 생기면 아들이 "엄마가 잘못 키워서 그렇다."고 말해 아들내외 눈치가 보이고 속이 상한다고 했다.

조부모와의 갈등, '이럴 땐 참을 수 있다.' 베스트 3
(EBS 똑똑E만 카페, 181명 대상)

1. 남편 혹은 아내가 내 편을 들어 줄 때(30.9%)

2. 조부모가 아이를 봐 줄 때(27.1%)

3. 조부모가 아이의 교육비를 지원해 줄 때(17.7%)

조부모 양육의 원-윈 비결

서로 소통하지 않으면 대화가 되지 않고 문제가 생겨도 그것을 풀 수가 없다. 문제가 생기기 전에 갈등을 막는 3단계 대화법은 다음과 같다. 조부모와 부모 세대 간의 문제를 풀고 아이 양육을 즐겁게 하는 게 바람직하다.

하나, 경청하라!

조부모의 의견을 충분히 들어야 한다. 많은 부모가 실수하는 부분 중 하나로 "어머니, 저희 아이는 이렇게 하셔야 해요."라고 의견을 먼저 말하는 것이다. 그렇게 하기보다는 육아와 교육의 경험이 있는 조부모의 의견을, 손주를 직접 키우는 조부모의 의견을 무조건 먼저 들어야 한다.

둘, 의견을 말하라!

조부모의 의견에 이어 부모 세대의 의견을 말한다. 이때 아이를 키워 주는 분이 친조부모라면 남편이, 외조부모라면 아내가 의견을 말하는 것이 좋다. 그래야 받아들이는 조부모들도 편견 없이, 오해 없이 부모 세대의 이야기를 들어 줄 수 있다.

셋, 감사하라!

부모 세대는 조부모에게 '고마워하는 것 아시겠지.' 하고 그냥 넘어가서는 안 된다. 조부모가 아무리 알고 있다고 해도 감사의 마음을 전하는 것이 필요하다. "키워 주셔서 감사합니다.", "도와주셔서 감사합니다.", "어디 힘드신 데는 없으세요?", "많이 힘드시죠? 어머니 덕분에 감사해요."라고 말하고, 불편하거나 힘든 일은 없느지 등을 물어봐야 한다.

끝으로 부모는 아이 앞에서 자나 깨나 말조심해야 한다. 조부모에게 불만이 있더라도 아이 앞에서 불만을 터뜨려서는 곤란하다. 서로 믿지 않으면 조부모 육아는 서로에게 힘든 일이 될 뿐이다.

Q. 손주를 키우고 있는 할머니예요. 아이를 제대로 키우고 싶은데 할머니로서 알아야 할 양육 태도는 무엇일까요?

A. 아이를 키우다 보면 즐거운 일도 많지만, 힘든 일도 많으시지요? 아이를 잘 키우겠다고 마음먹으셨다니 정말 대단하세요. 먼저 아이를 잘 키우려면 마음을 조금 비우는 게 필요합니다.

'손주는 손주일 뿐 내 자식이 아니다.'라고 생각해야 합니다. 그러지 않으면 자식들이 손주의 육아나 교육 문제 가지고 왈가왈부할 때도 속이 상하고 고생한 것을 알아주지 않는 것 같아 섭섭한 마음이 들게 됩니다. 손주를 마음껏 예뻐하는 것은 좋지만 마음은 조금 비우세요. 그러면 마음에 상처를 받지도, 부담을 갖지도 않을 수 있습니다.

05
친구 따라쟁이,
모방은 당연하다

"딸~, 그러지 좀 마."

"뭘요?"

"아까 자꾸 채은이 따라 하던데."

"응, 뭘요?"

"친구 따라 하는 거 하지 말라고."

"왜요?"

친구를 그대로 따라 하는 아이를 보면 부모는 고개가 갸웃거려진다. 그러는 아이의 속마음도 모르겠고 언제까지 그럴 건지도 모르겠기 때문이다.

따라쟁이 우리 아이

말이 느린 친구를 만나면 똑같이 말을 느리게 하고, 친구가 다친 손을 감싸 쥐고 있으면 같이 손가락을 쥐고 있는 딸. "너, 나 따라 하지 마!"라고 친구들이 싫어해도 곁눈질로 관찰하고 똑같이 따라 하려는 바람에 엄마도 신경이 쓰이는 것이 사실이다. 이렇게 아이가 주도적이지 않고 남만 따라 하는 경우 도대체 왜 그런 건지, 자존감이 낮아서 친구들을 따라 하는 것은 아닌지 걱정된다.

그런데 "나도 저거 사 줘!"라며 친구가 갖고 있는 장난감과 똑같은 것을 갖고자 하는 아이, "나도 이 옷 입을래. 내 친구도 이거 입었어."라며 친구가 입은 옷과 비슷한 것을 입으려는 아이, "나도 예빈이랑 같은 것 먹을 거야."라며 친구가 먹는 것과 같은 것을 먹으려는 아이 등 친구들을 따라 하는 아이가 적지 않다.

원래 아이들은 따라 하는 것을 좋아한다. 아이들에게는 당연하게 모방 심리가 있다. 모방은 인간의 본능이자 아이들의 성장에 기본적인 행위이기 때문이다. 아이들은 다른 사람을 보고 말을 배우기도 하고, 운동하는 방법을 배우기도 하고, 여러 사람과 어울리는 법을 배우기도 한다. 모방을 통해 다양한 것을 배우며 성장하는 것이다.

친구를 내내 따라 하는 아이에게 "너 그렇게 따라 하면 친구가 안 좋아해."라고 이야기해도 "왜?"라며 고개를 갸웃거린다. 따라 하는 게 다른 사람에게 불편함을 준다는 것을 이해하지 못하기 때문이다. 또 다른 사람이 쓰는 욕이나 나쁜 행동도 쉽게 따라 하는데, 아직 내적 기준이 없어 좋은 것과 좋지 않은 것을 구별하지 못하기 때문이다. 이처럼 아이들이 모방하는 것은 자연스러운 것이다.

아이들이 모방하는 5가지 이유

하나, 모방은 정상적인 학습 과정이면서 본능적인 과정이다.

'모방 본능'이라는 말이 있다. 본능 중에 따라 하는 것이 잠재되어 있을 정도로 모방은 당연한 것이다. 특히 6~7개월 된 아기는 엄마의 음성이나 목소리를 구분하면서 따라 한다. 만 2세 이후에는 다른 사람이나 사물도 모방한다.

둘, 아이들은 중요한 인물을 동일시한다.

아이들은 모방을 통해서 타인을 관찰하고 재현한다. 특히 아이들은 자신에게 중요한 인물을 닮고 싶어서 모방하는 경향이 있다. 좋아하는 사람과 동일화하기 위해서 따라 하는 것이다. 이를 '카멜레온 효과'라 부르는데, 친밀한 관계에 있는 사람일수록 행동이나 말투 등을 자신도 모르는 사이에 따라 하고 모방하는 것을 말한다.

카멜레온 효과(Chameleon Effect)

미국의 심리학자 타냐 차트란드(Tanya Chartrand)와 존 바르(Jobn Bargh)는 2가지 실험을 했다.

첫째 실험 절반의 참가자들에게 진행자가 특별한 행동을 보이지 않는 상황이었고, 나머지 절반의 참가자들에게는 진행자가 의도적으로 더 자주 웃거나 얼굴을 많이 만진다든지 다리를 떠는 모습을 보이는 상황이었다. 실험 결과, 진행자가 얼굴을 만진 경우 참가자 또한 얼굴을 만질 확률이 20% 정도 증가했고, 진행자가 다리를 떤 경우 참가자 역시 다리를 떨 확률이 50% 정도 증가했다고 한다.

둘째 실험 반대로 진행자가 참가자들의 행동을 따라 했다. 예를 들어 참가자가 다리를 꼬거나 머리를 만지면 진행자도 같은 행동을 보였다. 나머지 절반은 특별한 행동을 보이지 않았는데, 이때는 진행자도 아무런 행동을 하지 않았다. 실험 결과, 진행자가 참가자의 행동을 따라 한 경우 더 높은 호감도로 평가받고, 대화의 질 또한 높게 평가받았다. 원래 알고 지내던 사이가 아니었음에도 불구하고 단순히 자신의 행동을 모방했다는 사실만으로 호감도가 상승한 것이다.

셋, 모방을 통해 언어, 사회성, 운동성, 지적 능력을 배운다.

"아빠 해 봐. 아빠!", "아~빠~" 아이들은 모방을 통해 언어를 배운다. '아, 인사할 때는 저렇게 공손히 하는구나. 나도 그래야지.'라며 모방을 통해 사회성을 배운다. 또한 '아하! 자전거를 탈 때는 핸들을 움직이는구나.'라며 물건을 다루는 법뿐만 아니라 지적인 능력도 모방을 통해 배운다.

넷, 모방 중에서 좋은 것과 나쁜 것을 구분하기 어렵다.

14개월 된 아기는 어른의 이상해 보이는 행동도 따라 한다. 아빠가 코를 파면 자기는 간지럽지 않은데 코를 파기도 하고, TV에서 들은 이상한 말도 따라 한다. 그런데 이런 행동을 한두 번 따라 해 볼 수는 있어도 의미가 없다는 것을 알게 되면 더 이상 따라 하지 않는다. 예를 들어 친구가 크레파스를 입에 넣는 행동을 한두 번 따라 할 수는 있어도 의미가 없다는 것을 알게 되면 따라 하지 않는다는 말이다. 오히려 어른들이 그 행동에 반응을 보이면 그게 재미있어서 따라 할 수 있다.

다섯, 모방을 통해서 친구들과 잘 지내려고 한다.

모범적인 아이들은 어른들이 시키는 것만 하면 칭찬을 받는다는 사실을 알고 있다. 하지만 친구들과 있을 때는 친구와 잘 지내고 싶은 생각에 친구를 따라 한다. 친구를 모방하는 것은 또래 친구들에게 동질감을 느끼기 때문이다. 상대방과 비슷한 행동을 함으로써 안정성을 찾고자 하는 것이다.

따라 하는 아이, 이것만은 피해야 한다

유독 소심하고 겁이 많은 성격일 경우 또래 친구의 행동을 따라 하는 경향이 있는데, 이럴 때 "네가 자꾸 친구 행동을 따라 하면 친구가 싫어해."라고 말을 하는 것은 좋지 않다. 오히려 아이가 위축되는 상황만 될 뿐이다. 이때는 따라 하는 행동을 하지 못하게 하기보다는 친구와 잘 지낼 수 있는 다른 방법을 알려 주는 게 필요하다.

친구와 잘 지내고 싶어 하는데 모방하는 방법밖에 모르는 경우에는 역할 놀이를 하면 좋다. 각자 다른 역할을 주고 아이가 자신의 역할에 충실할 수 있도록 한다. 그러면 아이는 친구의 행동을 모방하면서 노는 게 아니라 자신의 역할을 주도하면서 친구와 함께 노는 경험을 할 수 있다. 이 과정을 통해 아이는 자신감과 안정감을 얻을 수 있다.

아이가 남을 따라 하는 버릇, 모방하는 버릇을 고치기 위해서 부모가 아이의 행동을 일부러 따라 하는 것은 좋지 않다. "너 자꾸 친구 따라 하면 엄마도 똑같이 너따라 할 거야."라고 하는 것은 오히려 악영향을 준다. 무는 아이에게 똑같이 무는 것 등은 좋지 않은 방법을 그대로 모델링하게 하는 것일 뿐이다.

덧붙여 아이가 관심을 받기 위해 일부러 따라 하는 것은 아닌지 세심히 살펴봐야 한다. 따라 하는 아이 중에는 관심을 받기 위해 일부러 그러는 경우도 있다. 이런 아이들은 대부분 사람들의 관심을 필요로 하는 것이므로 충분하게 관심을 보여 주어야 한다. 그러면 '아, 굳이 내가 누구를 따라 하지 않아도 나를 봐 주는구나.'라는 것을 알게 되어 모방하는 버릇을 고칠 수 있다.

자연스러운 따라쟁이, 모방쟁이

부모들에게 "내 아이가 친구를 무작정 따라 한다면 어떤 점이 걱정되는지?"를 물었다. 가장 많은 응답자가 '안 좋은 것도 따라 하게 될까 봐.'와 '자기 생각이 없는 아이가 될까 봐.'를 꼽았다. 친구나 다른 사람을 따라 하면서 좋지 않은 것까지 배우게 되거나 따라만 하는 아이로 자랄까 봐 걱정을 하는 것이다.

하지만 이런 아이에게 "따라 하지 마!"라고 이야기하는 것은 좋지 않다. 누구나 하지 말라고 하면 더 하고 싶어지는 법이다. 오히려 아이에게 반발심만 심어 주고 부모와 사이가 나빠지는 빌미만 줄 뿐이다. 이런 경우 시간을 두고 아이의 변화를 기다려 줄 필요가 있다.

대개 일반적인 모방 행동은 자연스럽게 사라진다. 이때 중요한 것은 '내가 옳다고 생각하는 것들'을 아이가 꾸준히 해 나갈 수 있도록 부모가 격려하고 도와주는 것이다. 그래야 아이는 다른 사람의 눈치를 보거나 시선에 두려워하지 않고 자신의 생각대로 행동할 수 있다.

이때 부모의 태도가 지시적이고 강압적인 것은 아닌지 검토하고 지나치게 지시적인 태도는 자제해야 한다. 중요한 것은 아이가 스스로 행동하고 생각할 수 있도록 유도해야 한다는 것이다. 단, 위험한 상황이나 아이가 반드시 지켜야 할 것에 대해서는 단호하게 이야기해 주어야 한다. "높은 곳에서 점프하는 것은 안 돼! 위험해!"라고 말이다.

다만 모든 일에 무의미하게, 너무 칭찬만 해서는 안 된다. '칭찬은 고래를 춤추게'도 하지만 '지나친 칭찬은 독'이 되기도 하기 때문이다. 아이가 정말 칭찬을 받아야 하는 상황, 최선을 다해서 열심히 한 상황, 자신이 선택한 것에 집중한 상황 등에는 칭찬을 하되, 그렇지 않은 경우에는 칭찬을 하지 않음으로써 스스로 생각하고 행동할 수 있도록 격려해 줄 필요가 있다.

시간이 지나면 친구를 따라 하고 다른 사람을 모방하던 아이의 행동이 많이 바뀐다. 모방이 자연스러운 것이었던 것처럼 더 이상 모방하지 않아도 된다는 것을 알게 되면 그것 또한 자연스럽게 없어지기 때문이다.

Q. 남들을 따라 하는 따라쟁이 딸이 있어요. 특히 오빠를 많이 따라 해요. 그래서 치마가 아닌 오빠 바지를 입고, 자기 장난감보다 오빠 장난감을 좋아해서 그걸 가지고 놀아요. 괜찮을까요?

A. 오빠가 좋아 보여서, 부러워서 일시적으로 따라 하는 것이니 걱정하지 않아도 됩니다. 단, 좋지 않은 것도 따라 할 수 있으니 평소에 주의해서 지켜볼 필요가 있습니다. 예를 들어 TV나 인터넷 방송 같은 미디어는 불특정 다수가 보는 경우가 많기 때문에 위험한 장면이 나올 수 있습니다. 특히 아이가 따라 하면 더 위험합니다. 따라서 평소에 아이에게 '저건 과도한 것이므로 문제가 있을 수 있다.'는 것을 알려 주는 것이 좋습니다.

[TV를 보는 상황]

엄마: "어머, 한 손으로 물구나무를 서네?"

딸: "와! 정말 신기해요."

엄마: "저 분은 얼마나 연습하셨을까? 하루아침에 할 수 있는 게 아닌데 말이야."

딸: "그래요? 연습 많이 해야 해요?"

엄마: "그럼! 저거 따라 하다가 크게 다칠 수도 있어. "

딸: "정말요?"

엄마: "물론이지. 저 분은 차근차근 연습했으니까 하실 수 있는 거야."

PART 6

아이의 부모로서
소통하기

부모가 맑아야 내 아이도 맑다!

"

아이가 가장 먼저 만나는 사회는 가정이고, 아이가 가장 많이 보고 자라는 사람은 부모이다. 때문에 아이에게 부모의 역할은 매우 중요하다. 아이는 알게 모르게 부모의 영향을 많이 받고 자란다. "우리 엄마 정말 멋져. 나도 엄마처럼 클 거야."라고 할 수도 있고, "우리 엄마랑 아빠는 정말 나빠. 나는 커서 엄마랑 아빠 같은 어른은 안 될 거야."라고 할 수도 있다. 아이에게 좋은 부모, 본받을 만한 부모가 되는 것은 또 다른 육아이며, 또 다른 교육이라는 것을 잊지 말아야 한다. 아이는 부모를 보며 자란다.

"

01
부부 싸움,
아이가 보고 있다

"내가 당신 때문에 못 살아!"

"흥! 누가 할 소리!"

가정 대소사, 금전적인 문제, 가족 여행 등 여러 가지 일에서 의견 대립이 있거나 서로 섭섭한 게 있으면 부부 사이라도 목소리가 커진다. 서로 상처가 되는 말을 주고받기도 하고 급기야는 폭력을 행사할 때도 있다. 그런데 이 모든 과정을 아이들이 지켜보고 있다.

부부 싸움은 가족 모두에게 힘들다

여성가족부가 2010년에 실시한 가정폭력 실태 조사에서 기혼 남녀 2,659명 중 무려 1,550명(53.8%)이 지난 1년간 가정폭력을 당한 적이 있다고 답했다. 부부 2쌍 중 1쌍은 가정폭력의 피해를 입고 있다는 충격적인 조사 결과이다. 2004년과 2007년 조사 당시 폭력 발생률이 각각 44.6%와 40.3% 수준이었던 점을 감안하면 빠른 증가 추세이다. 더욱이 신체적 폭력 발생률은 2007년에 11.6%였던 것이 2010년에는 16.7%로 올라 3년 사이에 5.1%나 상승한 것으로 드러났다.

뿐만 아니라 통계청이 발표한 통계에 따르면 2015년 이혼 건수는 10만 9,200건에 달하며, 2015년 한 해 동안 이혼한 가정 중 미성년 자녀가 있는 가정은 거의 절반인 48.4%에 이른다. 이혼 가정의 경우, 미성년 자녀들은 정신적으로 성숙하기 전에 부모가 헤어지는 모습을 지켜보게 된다. 그러면 이것이 이어져 자녀들의 이혼율도 덩달아 높아진다고 한다.

가정폭력, 이혼과 같이 극단적으로 이어지지는 않아도 가정에서는 크고 작은 부부 싸움이 일어난다. 명절 선물, 아이 학원, 은행 대출, 차량 구입, 잦은 회식, 가사 분담 문제 등 여러 가지 이유로 부부는 의견 대립을 하고 또 싸우게 된다.

그런데 엄마 아빠가 싸우면 아이들은 이러지도 저러지도 못하고 숨을 죽이거나 운다. 부부 싸움으로 인해 아이들은 극도로 긴장하게 되고 불안감과 스트레스를 경험하게 된다. 물론 싸움을 하는 부부도 힘들다. 부부 싸움이 잦으면 신체에 이상 반응이 생길 수 있다는 연구 결과가 있다. 심지어 부부 싸움을 자주 하면 중년 조기 사망률이 높고 살이 찐다는 연구 결과도 있다.

사실 서로 다른 가정에서 태어나 자란 두 사람이 한 가정을 꾸리고 살면서 의

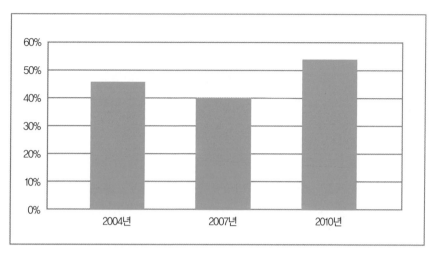

견 대립이 없기는 힘든 일이다. 집 안팎에서 일어나는 크고 작은 일에서 의견이 갈리기 때문이다. 특히 아이가 태어나고 자라면서 부부는 아이 문제로 이견이 생겨 다투기도 한다.

예로부터 전해오는 '부부 싸움은 칼로 물 베기'라는 속담은 '부부는 싸움을 하여도 화합하기 쉬움을 비유적으로 이르는 말'이다. 칼로 물을 베어도 금방 표시 없이 물은 서로 붙기 때문에 생긴 말이다. 하지만 실제로 부부 싸움은 가족들에게 절대로 표시 나지 않는 상처가 아니다. 부부 싸움은 싸우는 당사자들은 물론 지켜보는 아이들에게 큰 영향을 끼친다.

부부 싸움이 아이에게 미치는 영향

아이들을 대상으로 조사한 결과, 부부 싸움이 아이에게 큰 영향을 미치는 것으로 나타났다. 부정적인 호르몬 지수가 높아지고, 감정 제어 능력이 부족해지고, 질병이 증가하고, 아이의 외모가 달라지고, 사교성 발달이 부족해지고, 소뇌 발달이 저해되고, 자녀의 폭음 성향이 높아지고, 미래에 자신의 아이를 확대할 확률이 높았다.

먼저 미국 로체스터 대학교 연구팀의 연구에 따르면, 부모가 싸우는 동안 아이들의 침을 채취한 결과 스트레스 호르몬인 코르티졸의 수치가 높게 나왔다. 미국 뉴욕 대학교와 노스캐롤라이나 대학교 채플힐 캠퍼스의 공동 연구에 따르면 생후 2개월부터 5세가 되기 전까지의 아이들을 조사한 결과, 부부가 자주 몸싸움을 벌인 가정일수록 아이 스스로 감정을 제어하는 능력이 떨어지는 것으로 나타났다. 또한 뉴욕 로체스터 메디컬 센터의 조사에 따르면 5~10세의 어린이를 대상으로 조사한 결과 부모의 스트레스 수준이 높아질수록 아이들의 고열 동반 질병이 36%나 증가하는 것으로 나타났다.

또한 영국 세인트앤드루스 대학교 린다 부스로이드 박사의 연구에 따르면 '부부 불화가 잦으면 딸의 얼굴에 부정적 영향을 미친다.'고 한다. 부부 싸움이 아이에게 얼마나 큰 악영향을 미치는지 알 수 있는 부분이다. 그리고 메릴랜드 대학교 연구 결과에 따르면, 어머니가 지속적인 스트레스 상황에 놓일 경우 세로토닌의 양을 조절하는 유전자에 변이를 일으켜 아이의 사교 범위가 좁아진다고 한다. 뿐만 아니라 이스트앵글리아 대학교 연구팀은 11세 이전에 가정에서 부정적인 사건을 접한 사람의 경우 소뇌가 일반인보다 작다고 밝혔다.

부부 싸움은 아이의 현재뿐만 아니라 미래에도 큰 영향을 주는데, 미국 코넬 대학교 연구팀에 따르면 '부부가 자주 싸울수록 자녀의 폭음 성향이 높아진다.'고 한다. 그리고 프랑스 국립 건강의료연구소의 연구진은 부모가 싸우는 모습을 어렸을 때부터 경험한 아이는 우울증에 걸릴 확률이 1.4배, 미래에 자신도 부부끼리 폭력을 행사할 확률이 3배, 자신의 아이를 학대할 확률이 5배나 더 높다고 밝혔다.

이처럼 부부 싸움을 자주 경험한 아이들의 경우 싸움과 폭력을 알게 모르게 학습하기도 하고, 그 과정에서 스스로 제어할 수 없는 공포를 경험하기도 한다. 그래서 자녀 앞 부부 싸움은 당사자의 문제가 아니라고 보고 아동학대로 처벌할 것을 논의 중이다.

아이 몰래 부부 싸움 하는 법

부부는 한 가정을 이끌어 가는 2개의 바퀴와 같다. 때문에 하나만 잘 굴러 가도 곤란하고 2개가 다른 방향으로 굴러 가도 곤란하다. 그리고 잘 굴러 가려면 서로 어떤 방향으로 갈지 의논하고 합의하는 과정이 필요하다. 이 과정에서 본의 아니게 의견 대립이 생기기도 하고 싸움이 벌어지기도 한다.

그렇다면 어떻게 하면 부부 싸움을 큰 문제없이 잘 넘길 수 있을까? 어떻게 하면 아이 모르게 부부 싸움을 할 수 있을까?

하나, 아이가 잠든 후에 싸운다.

"오늘 왜 늦었어요? 일찍 온다고 했잖아요!", "집안일 도와주기로 해 놓고 왜 안 해요?" 등 하고 싶은 말은 많지만 만약 이 말들을 하다가 싸움으로 번질 것 같다면 일단 잠시 보류하는 게 좋다. 그리고 아이들이 잠든 후에 말을 꺼낸다. 물론 아이들이 잔다고 모르는 건 아니다. 생후 6~12개월의 영아는 자는 동안 부부 싸움 소리에 반응할 정도이다. 그러니 최대한 소리를 낮추어 소곤소곤 의견을 나누는 게 방법이다.

둘, 싸우지 않도록 노력한다.

사실 아이들이 모르게 싸운다는 것은 말처럼 쉬운 일이 아니다. 열 받아서 욱하는 게 문제이기 때문이다. 한 결혼 정보 업체의 설문 조사에 따르면 '이성을 잃을 만큼 화나게 하는 배우자의 말투'로 남성은 1위로 '신경질적인 말투', 2위로 '무반응'을 꼽았다. 반면에 여성은 1위로 '단정적인 말투', 2위로 '신경질적인 말투'를 꼽았다. 다시 말해 신경질적인 말투는 남녀 모두에게 화가 나는 말투이므로 부부 싸움을 피하고자 한다면 서로에게 신경질적인 말투는 하지 않는 것이 좋다. 싸움을 하지 않도록 노력하면 굳이 아이들 몰래 싸울 필요도 없다.

셋, 편지나 휴대폰 문자를 보낸다.

화가 났을 때 바로 마음속에 있는 말을 다 해 버리면 목소리가 커지기도 하고 오해가 생기기도 한다. 이럴 때는 한 호흡 쉬면서 마음을 차분히 가라앉히는 게 필요하다. 그리고 편지나 휴대폰 문자를 이용해서 섭섭했던 마음, 아쉬웠던 일을 이야기하는 것이 좋다. 화를 가라앉히고 쓰는 글이기 때문에 격앙된 감정을 피해서 상황을 잘 풀어 낼 수 있다. 당연히 부부 싸움을 크게 줄일 수 있다.

부부 싸움 후 화해하는 방법

부부 싸움을 피하려고 했는데 어쩔 수 없이 하게 되었다면, 잘 화해하는 것이 바람직하다. 서로에게 부부 싸움의 앙금이 남지 않도록 마음을 달래고, 또 긍정적인 방향으로 가정의 나아갈 길을 정하는 것이 필요하기 때문이다.

하나, 부부 싸움 후 아이를 내 편으로 만들려고 하지 마라!

"우리 아들은 엄마 편이지?" 하고 말하는 것은 좋지 않다. 또는 "너네 아빠는 왜 맨날 그러나 몰라."처럼 말하는 것도 좋지 않다. 아이들까지 편을 갈라서 싸우게 하면 부부 싸움이 더 커지는 것은 물론 아빠에 대해 좋지 않은 감정을 심어 줄 수 있기 때문이다.

둘, 잠시 자리를 비운 다음에 진지하게 이야기를 하라!

서로의 마음이 격앙된 상태에서는 차분히 이야기를 나눌 수가 없다. 이럴 때는 잠시 자리를 비우는 것이 좋다. "미안, 나 잠깐 바람 쐬고 올게.", "나 30분만 혼자 있다가 올게." 하고 자리를 비우는 것이다. 그러면 자리를 비운 사람도, 또 혼자 남은 사람도 생각할 시간을 갖게 되고 마음을 추스를 수 있다. 그러면 다시 진지하고 차분하게 이야기를 나눌 수 있다.

셋, 아이 앞에서 화해하고 잘못을 인정하는 모습을 보여 줘라!

부부 싸움을 하면 아이는 극도의 불안감을 경험한다. 급기야는 '우리 엄마랑 아빠랑 헤어지면 어떻게 하지?' 하는 고민까지 한다. 따라서 부부 싸움이 끝난 다음에는 아이 앞에서 화해했다는 사실을 알리고 서로 잘못을 인정하는 모습을 보여 주는 것이 필요하다. 그래야 아이들의 불안한 마음이 없어지고 아이들이 편안한 상태에서 정서가 안정될 수 있다.

한 결혼 전문 업체에서 '부부 싸움을 한 후에 가장 후회스러운 것은?'이라는 질 문을 하였다. 이 질문에 93% 이상의 응답자가 '좀 더 빨리 부부 싸움을 끝내지 못 한 것'이라고 말했다. 사소한 오해 또는 작은 의견 대립으로 시작한 부부 싸움이 크게 번져 서로의 자존심 싸움으로 변하고, 이것이 폭력이나 이혼으로 이어지는 경우가 비일비재한 것이 현실이다.

부부는 함께 사는 동반자이고 같은 아이들의 부모이다. 서로 힘겨루기를 할 대 상이 아니라는 말이다. 서로 사과할 일이 있으면 솔직하게 "미안해."라고 말하고, 감사할 일이 있으면 "고마워."라고 말해 보자. 어렵지 않은 말 한마디가 부부 싸움 을 줄이고 행복한 가정을 만드는 밑거름이 될 것이다.

Q. 아이를 임신한 임산부예요. 부부 싸움이 아이에게 안 좋다고 하는데,
태아에게도 그럴까요?

A. 태아는 엄마의 뱃속에서 모든 것을 듣고 느낍니다. 부부 싸움을 해서 엄마가 스트레스를 받거나 화를 내면 아이도 같은 것을 경험하지요. 불안감을 느끼고 좋지 않은 기억을 간직하게 됩니다.

부부 싸움을 해서 임산부가 극도로 화가 나게 되면 자궁 동맥을 통과하는 혈액량이 감소하는 등 건강에 좋지 않은 영향을 받게 됩니다. 이렇게 되면 당연히 뱃속의 태아 발달에도 좋지 않습니다. 뿐만 아니라 부부 싸움을 하면 급성 스트레스에 반응해 분비되는 물질인 코르티솔이 임산부에게서 분비되는데, 이는 태아에게도 전달이 된다고 합니다.

영국의 산부인과학회에서는 '태아에게 미치는 악영향 중 고혈압을 1로 잡을 때, 부부의 불화는 그보다 6배의 악영향을 초래한다.'고 발표했습니다. 뱃속의 아기는 엄마 아빠의 이야기에 귀를 기울이고 있습니다. 그러니 부부 싸움은 자제하는 것이 바람직합니다.

02
부모가 고쳐야 할
4대 고질병

"우리 엄마요? 어휴! 말도 마세요."

"아빠랑 잘 지내냐고요? 에이!"

아이들이 크면 클수록 말이 통해서 더 친해질 것 같지만 현실은 그렇지 않다. 부모와 자식은 왠지 모르게 더 멀어지고 왠지 모르게 불편해진다. 그렇게 된 이유 중 하나로 부모가 가지고 있는 '4대 고질병'을 꼽을 수 있다. 자녀와의 사이를 멀어지게 만드는 고질병에는 과연 어떤 것이 있을까?

이런 부모 되지 말자 1
형사병 부모

범죄를 수사하고 범인을 체포하는 것을 직무로 하는 사람을 '형사'라고 부른다.

그런데 안타깝게도 부모들 중에 아이를 '형사'처럼 대하는 경우가 종종 있다. 관심을 빙자한 감시의 시선으로 아이를 바라보는 것이다.

아이의 이야기를 먼저 듣지 않고 엄마 아빠가 궁금해하는 것만 물으려고 하는 병이 바로 '형사 병'이다. 아이가 조금 늦게 들어오면 바로 전화를 해서 "어디야?"라고 묻는 것부터 시작해서, 작은 문제라도 생기면 "네가 그랬어?", "언제 그랬어?", "왜 그랬어?" 등 몰아치는 말투와 형사 못지않게 취조를 하는 통에 아이들은 숨이 막힌다. 아이는 지금 말하는 게 엄마인지 형사인지 헷갈린다.

물론 아직 나이가 어린 유아기에는 아이를 보호하는 차원에서 감시를 할 필요가 있다. 아이가 혹시 잘못되지는 않는지 잘 살펴야 하기 때문이다. 하지만 아이가 크면 지나친 관심을 보이는 것은 좋지 않다. 오히려 아이들은 점점 마음의 문을 닫게 된다. 유치원에서 있었던 일도 이야기하지 않으려고 한다. 왜냐하면 이야기를 해도 부모가 "정말 그랬어?", "누가 그랬어?" 하며 꼬치꼬치 캐묻기 때문이다.

이때 부모가 보여 주는 관심은 관심이 아니라 감시일 뿐이다. 형사 병은 아이의 마음이 아닌 부모의 마음만 생각해서 생기는 병이다. '내가 궁금하니까', '아이가 내 손을 벗어나서 다른 일이 생기면 안 되니까' 감시하고 질문하는 것이다. 하지만 부모는 형사가 아니다. 부모는 부모처럼 아이를 대해야 한다. 아이에 대한 관심이 감시가 아닌 따스한 관심이 되기 위해서는 아이의 입장에서 충분히 생각해 보고, 아이의 마음에 대해 물어보는 것이 중요하다. 그래야 아이도 마음을 열고 부모를 형사가 아닌 부모로 대해 줄 것이다.

형사 병 부모의 말투

- "너 숙제했어, 안 했어?"
- "엄마가 그러지 말라고 했는데 왜 그랬어?"
- "너 지금 어디야?"

이런 부모 되지 말자 2

착한 사람 병 부모

아이가 착하지 않기를 바라는 부모는 아무도 없다. 하지만 지나치게 이것을 강요하면 아이에게는 큰 부담이고 스트레스일 수밖에 없다. 예를 들어 아이에게 "착한 사람이 되어야지."라면서 아이가 예의를 갖추기를 바라고, 순종을 강요하고, 공손하기를 바라고, 다른 사람 말에 토를 달지 않기를 바란다.

이런 부모들은 대부분 아이의 말대꾸를 못 견뎌 하고 말을 잘 듣기만 바란다. 그런데 이럴 경우 아이는 점점 주눅이 들 수밖에 없다. 말대꾸도 못하게 하고 자기 생각을 이야기하는 것을 부모가 원천 봉쇄하기 때문이다. 그저 부모가 만들어 놓은 착한 아이라는 틀에 몸을 맞춰 넣을 뿐이다.

하지만 스스로 억누르고 있는 스트레스와 감정은 언젠가는 폭발할 수 있다. 사춘기에 "이제 엄마 말 안 들어!"라고 터져 나올 수도 있고, "착한 아이 안 해! 그냥 내 맘대로 살 거야!"라고 반항할 수도 있다. 그러면 당연히 부모와의 사이는 극도로 나빠질 수밖에 없다.

또한 아이는 불안감을 가질 수 있다. '내가 착한 아이가 아니면 엄마는 나를 싫어할까?', '더 이상 착한 아이가 아니면 나는 가족이 아닌 걸까?' 하고 말이다. 그래서 겉으로 보이는 데서는 최대한 순종적으로 행동하지만 내면에서는 문제가 생길 수 있다. 그리고 부모와 진솔한 대화를 하지 않기 때문에 문제가 생겨도 부모가 모를 수 있다.

부모로서는 아이가 '착한 아이'가 되기보다 그냥 '아이'가 되기를 바라는 게 바람직한 마음이다. 또한 아이들에게 말할 수 있는 기회를 많이 주는 게 좋다. 아이의 생각을 듣고 같이 풀어 나가는 과정을 통해서 충분히 병을 해결할 수 있다.

착한 사람 병 부모의 말투

- "엄마 말에 말대꾸하면 안 된다고 했지!?"
- "착한 아이가 이러면 어떻게 해!"
- "자꾸 이러면 너 나쁜 아이야. 그럼 안 되지!"

이런 부모 되지 말자 3
해결사 병 부모

'어떤 특정 분야에서 일 처리가 능숙한 사람'을 가리켜 '해결사'라고 한다. 그런데 부모 중에 자식들에게 이런 해결사가 되기를 자처하는 사람이 많다. "넌 공부만 열심히 하면 돼!"라고 말하면서 아이의 다른 일을 모두 뒷전으로 미루는 것이다.

아이가 자기 물건을 잘 정리하지 못해도 "괜찮아. 엄마가 정리해 줄게. 넌 공부나 해."라고 하는 엄마, 아이가 친구들과 잘 지내는 법을 몰라도 "친구들과 안 놀아도 돼. 걱정 마. 아빠가 다 알아서 해 줄게."라고 하는 아빠. 이들은 모두 해결사 병에 걸린 부모이다.

그런데 이렇게 "공부만 해."라고 이야기할 경우, 그것의 지향점은 대학에만 맞춰져 있다. '대학만 잘 가면 돼.'라는 생각 때문에 공부 빼고 다른 것은 다 등한시해서 성인이 되어도 자기 물건 하나 챙길 줄 모르고, 친구들과 어떻게 지내야 할지도 모르고, 집안일 하나 도울 줄 모르고, 라면 하나 끓여 먹을 줄 모르는 사람으로 자라게 된다.

이는 아이의 자립심을 기르는 것을 방해한다. 스스로 해결하려고 하기보다는 '엄마가 해 주겠지, 뭐!', '아빠에게 도와 달라고 해야지.' 하는 마음을 가지게 되기 때문이다. 부모가 너무 많은 것을 해 주면 아이들은 심리적 장애인이 될 수밖에 없다.

아이들이 미숙해 보여도 공부 외에 해야 할 일이 많다. 그런 일들을 할 기회를 부모가 차단해서는 곤란하다. 아이에게 실패하고 실수할 수 있는 기회를 주어야 한다. 그러지 않으면 나중에 실패를 이겨 내지 못할 경우 좌절할 수밖에 없다. 해결사 병에서 벗어나기 위해서는 아이에게 스스로 할 수 있는 기회를 줘야 한다.

부모 또한 너무 아이의 인생에 맹목적으로 매달리지 말아야 한다. 부모 역시 자식의 인생이 아닌 자신의 인생을 계획하고 살아가야 한다. 부모가 자신의 꿈을 계획하고 해결해 나가는 과정을 아이가 본다면 그것을 보고 배워, '나도 엄마 아빠처럼 꿈을 이뤄야지!' 하는 마음을 먹을 수 있다.

이런 부모 되지 말자 4

'답게' 병 부모

'남자는 남자답고, 여자는 여자다워야 한다.'고 생각하는 부모가 많다. 그래서 딸은 얌전하고 차분하고 야무지고 순종적이기를 바라고, 아들은 씩씩하고 의젓하고 활동적이고 도전적이기를 바란다.

그래서 딸은 여자답게, 아들은 남자답게 키우려고 한다. 아들이 넘어지면 "어, 우리 아들은 울지도 않고 남자답고 씩씩하네."라고 말한다. 그러면 아이는 아픈데도 쉽게 감정을 표현하지 못하게 된다. 반대로 딸이 넘어지면 "어머 어떡해! 괜찮아? 넌 여자애가 왜 그렇게 덤벙거리다 넘어지니?"라고 말한다.

지금 시대에 남자다운 남자, 여자다운 여자를 더 이상 고집하는 것은 올바른 부모의 모습이 아니다. 미국의 조사 결과에 따르면 남성성이 강한 남자아이, 여성성이 강한 여자아이는 학업 성취도가 낮게 나왔다. 반대로 남성성이 있는 여자아이, 여성성이 있는 남자아이는 학업 성취도가 높게 나왔을 뿐만 아니라 인간관계도 더 좋은 것으로 나타났다. 이제는 성별의 테두리에 갇혀 있는 것이 정답이 아니라는 의미이다.

그렇다면 이 '답게' 병은 어떻게 치료할 수 있을까? 먼저 아이에게 '잣대'를 들이대지 말아야 한다. '넌 이래야 해!'라는 잣대를 거두면 아이는 훨씬 자유롭고 개성 있는 아이로 자랄 수 있다. 아이를 있는 그대로 키워야 한다. 아이를 한 인간으로 보고, 개성과 장점을 찾아 주어 있는 그대로 키우는 것이 더욱 멋진 아이로 키울 수 있는 방법이다.

'답게' 병 부모의 말투

- "넌 여자애가 왜 이렇게 칠칠맞지 못하니?"
- "남자는 질질 짜는 거 아니야. 뚝 해!"
- "여자애가 무슨 말대꾸니, 말대꾸가!"

고질병을 고치고 아이와 행복해지는 방법

하나, 얼굴 표정을 부드럽게 한다.

부모와 아이는 서로 경쟁하는 사이도 아니고, 서로 불편한 사이도 아니다. 부모들은 아이를 의심하고 취조하는 듯한 표정보다는 부드러운 웃음을 지으면서 아이에게 관심을 가져야 한다.

둘, 말대꾸를 할 수 있게 허용한다.

아이에게 말대꾸 자체를 못하게 막아 버리면 아이는 다른 이야기도 하기 싫어하게 된다. 오늘 하루 있었던 시시콜콜한 이야기를 엄마 아빠에게 할 수 있어야 마음을 열 수 있고, 부모와 자식 사이도 좋아질 수 있다.

셋, 아이의 생각을 물어보고 아이의 말을 듣는다.

부모들은 아이가 말을 많이 할 수 있도록 해야 한다. 이야기를 많이 할수록 창의성이 좋아진다. 먼저 부모가 하고 싶은 말을 아이에게 솔직하게 전하면 아이도 자신의 생각을 자연스레 이야기하게 된다.

넷, 가족회의 시간을 가진다.

"주말에 어디로 여행을 갈까?", "몇 시에 일어날까?" 등 가족 구성원과 관련된 문제는 함께 회의하는 시간을 갖는 것이 바람직하다. 이 과정에서 아이는 자신의 의견을 이야기하는 법을 배우고 다른 사람의 이야기에 귀를 기울이는 법을 배울 수 있다.

다섯, 부모 자신의 꿈을 계획하고 실천하기 위해 노력한다.

부모는 아이의 인생을 해결하려 하지 말고, 자신의 인생을 계획하고 실천해야 한다. 부모가 꿈을 계획하고 실천하는 모습을 보면서 아이는 자연스럽게 배우게 된다. 부모는 부모의 인생을 살아야 한다.

여섯, 아이의 본 모습을 인정하고 '자기답게' 키워야 한다.

'남자가~', '여자가~' 식의 말은 하지 말고 아이의 본모습을 인정하고 '자기답게' 키워야 한다. 부모들이 아이의 좋은 점을 찾아 칭찬해 주면 아이 스스로 자기다운 모습을 찾아갈 수 있다.

일곱, 매일 자녀의 좋은 점을 발견하고 아낌없이 칭찬한다.

심리학자들의 연구에 따르면 꾸중을 한 번 했다면 칭찬을 여덟 번 해야 그 꾸중들은 마음이 없어진다고 한다. "어머, 우리 아들은 아침에 참 잘 일어나네?", "와, 우리 딸은 웃는 게 정말 예쁘네!"처럼 작고 사소하지만 좋은 점을 발견해서 칭찬할 수 있도록 노력해야 한다.

부모들에게 흔히 나타나는 이 4대 고질병은 모두 아이를 위하는 마음이 커서 생기는 것이다. 아이가 혹시 잘못된 길로 빠지지는 않을까 걱정하는 마음에, 아이들이 혹시 제대로 된 미래를 가지지 못하는 것은 아닐까 우려하는 마음에 4대 고질병을 앓게 되는 것이다. 하지만 이런 고질병은 오히려 아이에게 좋지 않고, 또 좋은 부모가 되는 길을 막을 뿐이다.

핵심은 아이에 대한 부모의 태도를 바꾸는 것이다. 조금 더 아이의 입장에서 소통하고, 아이의 마음을 헤아리는 태도로 아이와 함께한다면 고질병과는 거리가 먼 건강한 부모가 될 수 있을 것이다.

Q. 아이에게 독립심을 키워 주는 게 좋은 것 같아서 아이 혼자 해야 하는 것을 가르치고 있는데 가끔 보면 아이 혼자 하기에는 좀 벅차 보이는 일들이 있어요. 아이를 도와줘야 할 상황에도 일단 스스로 하게 둬야 하는 건가요?

A. 아이에게 도움이 필요해 보인다면 먼저 나서서 "나와 봐. 엄마가 해 줄게."라고 하지 말고 "잘하고 있네. 혹시 엄마의 도움이 필요한 일이 있으면 언제든지 이야기해."라고 얘기해 주세요. 직접 도와주는 것보다는 도움이 필요할 때 자신을 생각해 주는 사람이 곁에 있다는 것을 알게 해 주는 것만으로도 아이는 힘을 얻고 스스로 해낼 수 있게 됩니다.

03
자식 성공의 비결,
아빠 효과

"엄마, 어디 있어?"

"엄마~! 엄마!"

하루 종일 아이가 엄마를 불러대는 통에 엄마는 엄마대로 지치고 힘들다. 반면에 아빠는 아빠대로 섭섭하고 소외된다. '아이에게 나는 필요 없나?', '나는 그저 돈이나 벌어 오는 존재인가?' 하는 생각이 들기 때문이다.

육아는 부부 공동의 몫이다

아이는 '부모'에게서 태어난다. 하지만 젖을 먹이고 밥을 챙겨 먹이는 주된 역할을 엄마가 하는 경우가 많아지면서 아이는 아빠보다는 엄마를 찾게 된다. 그러다 보니 아빠는 아이의 육아에서 한 발짝 떨어져 있는 경향이 있다. 아이의 육아는 '엄마'의 몫이라고 생각하게 되는 것이다. 일 때문에 바쁘기도 하고, 또 때로는 아이 보는 게 힘들기도 해서이다.

그런데 이렇게 육아를 엄마에게만 맡기다 보면 아이는 점점 엄마만 찾게 된다. 아빠가 모처럼 시간이 생겨 아이와 놀아 주려고 하면 왠지 서먹하고 뭘 해야 할지 몰라 당황스럽기도 하다. 아이도 익숙한 엄마가 아닌 아빠와 노는 게 어색한지 곁돌기만 한다. 그러다 보면 아이가 자라 사춘기가 되었을 때는 아빠와 더 멀어진다. 실제로 사춘기 아이는 아빠를 멀리하는 특징이 있다. 때문에 아빠가 하는 말을 듣고 싶어 하지 않고 엇나가는 현상이 생기기도 한다.

아이는 엄마 아빠가 같이 키워야 한다. "저희 남편은 아이를 잘 못 봐요.", "아이가 아빠랑 안 친해요."라며 고민을 토로하는 엄마들이 있는데, 나중에 아이와 아빠가 서먹해지지 않으려면 아이가 어렸을 때부터 아빠와 함께하는 것을 당연하게 느끼도록 만들어야 한다. 그렇게 만드는 것이 엄마의 역할이다.

그런데 이렇게 육아를 함께하자고 이야기를 하면 '육아는 전업주부의 몫'이라고 여기는 아빠가 많다. "집에서 애 보는 게 엄마의 일이잖아."라고 이야기하는 것이다. 하지만 전업주부의 일은 해도 크게 티가 나지 않을 뿐 해야 할 일은 엄청 많다. 식사 준비, 청소, 빨래와 같은 가사 노동에서부터 공과금 납부, 보험료 납부와 같은 경제 관리는 물론, 집 안팎 대소사 담당과 같은 크고 작은 일을 모두 처리해야 하기 때문이다.

한국여성정책연구원에서 발표한 '전업주부의 연봉 찾기'를 보면 초등학교 아이 1명, 유치원 아이 1명을 키우는 전업주부의 월급을 무려 430만 원으로 산정하였다. 아이 1명만 키울 경우에도 월 300만 원 이상의 월급에 해당하는 일을 하고 있다고 볼 수 있다.

전업주부라고 해서 일이 수월한 것은 아니다. 아빠의 도움이 필요하다. 아빠가 육아를 나눠서 맡아 주면 엄마는 그 시간에 다른 집안일을 처리할 수도 있기 때문이다.

육아에서의 아빠 효과

2010년 캐나다 몬트리올 대학교에서는 12~18개월 된 유아들을 대상으로 연구를 했다. 연구 결과, 아빠가 지켜볼 때 아이들은 더 활동적으로 놀고 새로운 시도를 많이 하는 것으로 나타났다.

2016년 미국 미시간 주립대학교에서 취학 전 아이들을 대상으로 조사한 결과, 아빠가 미치는 영향력이 엄마 못지않게 큰 것으로 나타났다. 아빠가 스트레스를 느끼면 미취학 아동의 학습 능력이나 주의력, 감정 발달에도 영향을 끼친다는 결과가 나왔다.

뿐만 아니라 아빠가 아이 문제에 적극 참여하면 아이는 사회성, 지능, 자기 통제력 등 여러 방면에서 두각을 나타낸다. 아이의 유치원이나 초등학교 행사에 아빠가 참석한 경우 아이가 자라서 사회생활을 할 때 연봉이 더 높다는 조사 결과가 나오기도 했다.

이처럼 아빠가 육아에 참여하면 엄마의 부담이 줄 뿐만 아니라 아이의 행복감도 높아진다. 아이는 엄마와 할 수 있는 테두리 안에서의 놀이나 사회 이외의 것을 아빠와 함께 경험하면서 사회성이 좋아지고 생각하는 것도 더 넓어질 수 있다. 아이의 현재와 미래가 아빠와 함께 바뀔 수 있다. 이것이 바로 가정을 행복하게 만드는 '아빠 효과'이다.

아빠 효과를 위해 엄마가 해야 할 3가지

하나, 하루 10분이라도 아이가 아빠와만 함께하는 시간을 만들어라!

엄마와 함께 있는 것이 익숙한 아이에게 갑자기 "아빠가 놀아 줄게."라고 하면 아빠의 존재는 낯설고 불편할 수 있다. 하지만 엄마의 익숙한 손길에서 벗어나 아빠와 유대감을 형성하려면 시간을 정해 아이와 함께하도록 노력해야 한다.

처음 운전을 할 때 겁이 나더라도 혼자 운전을 해야 운전 실력이 느는 것처럼 아빠도 혼자 아이와 지내야 아이와의 관계가 급진전된다. 보조자인 엄마가 있으면 아빠의 자녀 돌봄 능력이 향상되기는 힘들다. 아빠가 아무리 잘해도 엄마가 보기에는 부족해 보일 수밖에 없기 때문이다. 더구나 가족이 함께할 때는 아이가 엄마만 찾기 때문에 아빠와 아이가 친해지기 힘들다.

아빠와 아이만 함께할 수 있는 2가지 방법이 있는데, 하나는 엄마가 외출을 하는 것이고, 또 하나는 아빠와 아이만 외출시키는 것이다. 처음에는 아빠와 아이만 두는 것에 엄마는 불안감을 느낄 수 있다. 하지만 이것을 극복해야 아이가 아빠를 믿고, 아빠도 자신감을 가질 수 있다. '엄마가 믿는 만큼 크는 아빠'라는 말을 잘 새기며 아빠와 아이가 함께하는 시간을 믿고 바라봐야 한다. 아빠와 아이만 함께 있는 시간도 처음엔 10분 정도만 시도했다가 익숙해지면 20분, 1시간 식으로 점차 늘려 가는 게 바람직하다.

둘, 아빠의 자녀 교육 스타일을 인정하라!

시각의 차이 때문에 엄마는 아빠와 교육 스타일이 다를 수 있다. 아이가 흙을 만지고 벌레를 잡으면 엄마는 "어머, 어서 손 털어. 지지!" 하고 소리치지만 아빠는 "와, 우리 아들, 그게 뭐야?" 하고 지지해 준다. 이럴 때 엄마 입장에서는 아빠의 교육 스타일이 마음에 들지 않을 수 있다. 때문에 잔소리를 하게 된다. 하지만 이렇게 잔소리를 하면 아빠는 육아에 동참하는 것을 꺼릴 수밖에 없다.

때문에 자기와 방법이 다르더라도 적극적으로 아빠에게 칭찬을 해 주는 것이 좋다. 아빠가 아이에게 TV를 보여 주건, 군것질을 하게 하건 그 과정을 칭찬해 주면 아빠도 좋아지기 위해서 더 노력하게 된다.

아빠에게 칭찬과 당근을 주는 것은 '2보 전진을 위한 1보 후퇴'라는 작전이기도 하다. 특히 결과보다는 과정에서 칭찬을 많이 하고 무엇보다 아이와 함께하려는 모습을 칭찬하는 것이 좋다. "어머, 아이와 함께 문구점까지 다녀왔어요? 가면서 얘기 많이 했어요? 힘들었을 텐데 정말 대단해요."라고 말이다.

셋, 아빠 혼자 아이와 지낼 수밖에 없는 환경을 만들어라!

처음부터 "당신 외출하고 와. 애는 내가 1시간 혼자 볼게."라고 이야기하는 아빠는 드물다. 이럴 때는 엄마가 아이를 돌보지 못하는 환경을 만드는 것도 방법이다. 어쩔 수 없이 아빠 혼자 아이와 지낼 수밖에 없는 환경을 만드는 것이다. 아들만 있는 집이라면 함께 수영장을 가서 아빠와 아이가 함께하는 시간을 갖게 하는 것도 좋고, 엄마가 잠깐 마트에 다녀오는 동안 아빠가 아이와 함께 시간을 보내게 하는 것도 좋다.

이럴 때 중요한 것은 아이 앞에서 아빠 험담을 해서는 안 된다는 것이다. 그래야 함께하는 육아가 가능하다. 아빠와의 시간을 보낸 뒤 아이에게 "와! 아빠와 같이 TV를 봤어? 정말 재미있었겠다."라고 이야기해 주고 앞으로는 아빠와 더 즐거운 경험을 할 수 있다고 격려해 주는 것이 바람직하다. 그래야 아빠도, 아이도 둘만의 시간을 기다리게 된다.

아빠가 육아를 해야 하는 이유

아빠 육아를 하게 되면 아이도 좋고, 엄마도 좋다. 하지만 가장 좋은 사람은 아빠이다. 육아에서 소외되었을 때 아빠는 가족 구성원으로서 단단하게 자리 매김할 수가 없다. 집에 와도 스마트폰만 하고, TV만 보고, 잠만 자는 사람일 뿐이다. 그래서 아이는 엄마만 찾게 되고, 엄마는 육아에서 받은 스트레스 때문에 잔소리를 하게 되는 것이다.

하지만 아빠가 육아에 적극적으로 참여하면 제대로 가정 내에서 자리매김을 할 수 있다. 아이와 유대감을 느끼게 되고, 아내가 하는 일의 고충을 알게 되고, 가족 간에 나눌 대화도 더 많아진다. 따라서 아빠와 함께하는 육아는 아빠가 손해 보는 일, 아빠가 희생하는 일이 아니다. 아빠가 즐거운 '아빠를 위한 일'이다.

Q1. 아빠와 육아를 나누고 싶어도 아이가 아빠만 보면 울어요. 엄마만 찾는데 어떻게 해야 할까요?

A1. 처음부터 아이가 아빠를 좋아하면 좋지만 그렇지 않다면 서서히 아빠와 친해지게 하면 됩니다. 아이가 아빠에게 익숙해질 수 있도록 함께 있는 시간을 늘리세요. 처음에는 '아빠와 같이 책 한 권 읽기'를 하며 10분을 보내고, 다음에는 '아빠와 같이 동네 편의점 다녀오기'를 하며 20분을 보내는 거예요. 이렇게 조금씩 아빠와의 시간을 늘려 가면 점점 아이도 아빠와 있는 시간을 익숙하게 느끼게 됩니다.

Q2 딸아이가 "아빠 나 사탕", "아빠 나 인형" 등 원하는 게 많은데, 아빠는 전혀 제약하지 않고 다 해 주려고 해요. 어떻게 해야 하나요?

A2. 잔소리를 하지 말고 일단 할 수 있도록 인정하고 놔두는 게 좋습니다. 이래라 저래라 잔소리를 하면 아이 입장에서는 '어, 아빠가 뭘 잘못했나?'라는 생각을 갖게 되어 아빠를 신뢰하지 못하게 되고, 아빠의 입장에서도 '기껏 아이와 좋은 시간 보내는데……'라는 마음에 섭섭할 수 있습니다. 그러면 아빠 육아가 제대로 되지 않습니다.

Q3. 마음은 있는데 성격상 아이 아빠는 잘 표현하지 못하는 편이에요. 어떻게 해야 아빠 효과를 얻을 수 있을까요?

A3. 아이의 성격이 제각각인 것처럼 아빠의 성격도 제각각입니다. 이럴 때 정답은 없습니다. 그저 각자의 스타일을 존중해 주어야 합니다. 야외 활동을 좋아하는 아빠도 있고, 집에서 책을 보는 것을 좋아하는 아빠도 있습니다. 어떤 일을 하건 아빠와 아이가 함께하는 시간을 가진다는 것이 중요합니다.

04

프로 부모 되는
3P의 법칙

"휴, 애 키우는 게 쉽지 않아요."

"맞아요. 예전에는 5~6명씩도 쑥쑥 키웠다고 하는데 지금은 1~2명 키우는 것도 너무 힘드네요."

"그러게요. 어떻게 해야 잘 키우는 건지 모르겠고 답답해요."

아이를 어떻게 키워야 할지 몰라 고민하는 부모가 많다. 부모라고 해서 모든 것을 아는 것은 아니기 때문이다.

프로 부모 vs 아마추어 부모

아이가 3살이라면 부모도 부모나이 3살이 되었을 뿐이다. 엄마 아빠라고 해도 태어날 때부터 엄마 아빠는 아니었다는 말이다. 자신의 자식을 갖게 되면서 엄마 아빠로 불리게 되었지만 아직 미숙한 부분이 많다. 처음 부모 노릇을 하기 때문에 어떻게 하는 게 옳은지, 어떻게 하는 게 아이에게 도움이 되는지 잘 모를 수밖에 없다.

이런 부모를 '아마추어 부모'라고 부른다. 아마추어 부모는 부모로서 미숙한 부분이 많다. 아이를 야단치는 것이 훈육이라고 오해해 아이에게 소리를 지르기도 하고, 자신이 받은 스트레스를 아이에게 풀기도 한다. 그래서 아마추어 부모를 둔 아이들은 늘 불안감을 느끼거나 부모의 눈치를 볼 수밖에 없다. 그러나 프로 부모는 다르다. 아이의 자존감을 해치지 않고 제대로 훈육을 하고, 자신의 스트레스를 아이에게 쏟아 내지 않는다.

아마추어 부모가 아닌 프로 부모가 되어야 한다. 프로 부모는 아이를 잘 키울 뿐 아니라 스스로 만족도 높다. 자신감이 있기 때문에 어려움이 닥쳤을 때도 쉽게 좌절하지 않는다. 아이와 함께 어려운 일도 잘 헤쳐 나갈 수 있는 프로 부모, 과연 어떻게 하면 될 수 있을까? 프로 부모가 되는 데는 3가지 P가 필요하다.

프로 부모가 되는 첫 번째 P

Pride(자부심)

아이들은 내면의 의도를 헤아리지 못하기 때문에 겉으로 드러나는 부모의 말과 행동을 보며 느끼고 배운다. 때문에 아이들에게 어떻게 보이고 들리게 할 것인가가 중요하다. 사소한 것이라도 부모가 하는 일에 대해 가진 자부심을 알려 주는 것이 바람직하다. "엄마는 우리 가족이 먹는 음식 만들 때가 가장 즐거워!"와 같이 집안

일을 할 때도 즐겁고 최선을 다해 하고 있다는 것을 보여 주는 게 좋고, "엄마가 하는 일은 우리 사회에서 꼭 필요한 일이야."와 같이 자부심을 보여 주는 것이 좋다.

부모가 보여 주는 자부심은 자연스럽게 아이에게도 전달된다. 자부심을 키우는 것은 프로 부모가 되는 첫걸음이다. 때문에 부모의 자부심을 아이들에게 보여 주고 들려줘야 한다. 그래야 아이들도 '아, 우리 부모님은 정말 열심히 살고 있구나.'를 느낄 수 있고, '나도 우리 부모님처럼 살아야지.'라고 마음먹을 수 있다. 그래서 늘 아이들에게 어떻게 보이게 할지, 어떻게 들리게 할지를 고민해야 한다.

사실 생활을 하다 보면 부모는 자식에게 미안할 때가 많다. 특히 맞벌이 부모일 경우에는 아이와 함께 있는 시간을 많이 갖지 못해 미안하다. 이럴 때에도 "엄마가 미안해."라고 말하기보다는 "엄마를 이해해 줘서 고맙다."라고 이야기하는 것이 바람직하다. 엄마로서, 부모로서 열심히 사는 모습을 보여 주는 것이 좋기 때문이다. 좋은 부모, 프로 부모라면 아이들에게 죄책감이나 수치심보다는 부모로서의 자부심, 인생 선배로서의 자부심을 보여 줘야 한다.

Pride(자부심)를 보여 주는 부모의 말

- "우리 동네에서 콩나물 무침은 엄마가 제일 잘하지!"
- "아빠가 회사에서 얼마나 중요한 일을 하고 있는데!"
- "엄마와 아빠는 잘하고 있단다!"

Priority(우선순위)

일에는 아주 중요한 일이 있고, 조금 덜 중요한 일이 있다. 그래서 우리는 일을 할 때 중요한 일을 먼저 하고 덜 중요한 일은 조금 나중에 한다. 우선순위에 따라 달라지는 것이다. 육아를 할 때도 이와 마찬가지이다. 우선순위를 정해야 한다.

일을 하는 부모라면 자신이 해야 할 일을 제대로 하는 것이 매우 중요하다. 스스로의 경력 등에 큰 영향을 주기 때문이다. 또한 전업주부라면 집 안에서 해야 할 일을 처리하는 것도 매우 중요하다. 할 일을 제대로 하지 않으면 집 안이 엉망이 되기 때문이다.

하지만 아이와 함께 있을 때라면 다른 일보다 아이를 1순위로 정하는 게 바람직하다. 온전히 아이에게 집중해야 한다. 혹시 아이와 함께 있을 때 다른 일을 생각하느라 인상을 쓰지는 않았는지, 스마트폰을 들여다보지는 않았는지 반성할 필요가 있다.

아이에게 오롯이 집중하면서 '아, 우리 엄마에게는 내가 1순위구나.'라는 것을 느끼게 해 줘야 한다. "네가 엄마에게는 1순위야."라는 말을 해 주면 아이에게 자긍감이 생긴다. 만약 자녀가 2명이라면 각각의 아이에게 따로따로 귓속말을 해 주는 게 좋다. "엄마가 아까는 이야기하지 못했는데 말이야, 네가 엄마에게는 최고인 것 알지?"

프로 부모가 되는 세 번째 P

Professionality(전문성)

프로 부모라는 것은 말 그대로 부모의 역할을 프로답게 해내는 것이다. 그러기 위해서는 무엇보다 '전문성을 키우는 것'이 중요하다. 많은 부모가 아이를 잘 키우고 싶어 한다. 하지만 그 방법을 몰라 잘하지 못하는 것이 현실이다. 때문에 Know(아는 것)보다 중요한 것은 How(기술)이다. 어떻게 해야 아이를 잘 키울 수 있을지 그 방법을 알아야 프로 부모가 될 수 있다.

하나, 칭찬을 해 준다.

아이는 부모의 칭찬을 먹고 자란다. 하지만 영혼이 없는 칭찬은 절대 금지이다. 아이에게는 과정을 칭찬해 주거나 가능성을 열어 주는 칭찬을 하는 것이 좋다. "열심히 노력하더니 결국 해냈구나." 또는 "넌 뭐가 되어도 될 아이야."라는 말을 해 주면 아이가 어려움에 빠졌을 때 큰 힘이 된다.

그리고 구체적인 것을 칭찬해 주는 것이 좋다. "너는 친구들을 이끄는 리더십이 좋구나."라는 칭찬을 하면 아이는 그 부분을 발전시킨다. "너는 손이 정말 예쁘구나."라는 말을 듣는 것만으로도 아이는 '아, 정말 그렇구나.'라는 마음이 들어 자기 손을 볼 때마다 흐뭇한 마음이 든다. 이처럼 신체의 특성 중 하나만을 찍어서 칭찬을 해 주는 것도 아이에게 자긍심을 키워 주는 좋은 방법이다.

둘, 접촉(스킨십)을 한다.

다정하게 손을 만지고 포옹을 하는 등 따뜻한 스킨십을 할수록 아이의 면역력이 증가하고 사회성도 발달한다. 지금은 어린아이이지만 언젠가는 자라서 부모 곁을 떠나게 된다. 그러므로 지금 아낌없이 쓰다듬어 주고 안아 주면서 사랑을 표현하는 것을 잊지 말아야 한다.

이때 한 군데만 정해서 만지는 것도 좋은 방법이다. 머리를 쓰다듬는 것을 좋아하는 아이라면 다정하게 머리를 쓰다듬는다든지, 손을 잡는 것을 좋아하는 아이라면 따뜻하게 손을 잡는다든지 하는 것이다. 아이를 만질 수 있을 때 많이 만져 주는 게 좋다.

셋, 미소를 띤다.

아이를 키우다 보면 웃을 수 없는 경우도 많다. 하지만 그럴 때라도 미소를 띤 얼굴을 보여 주면 아이도 엄마에게 미소를 보여 준다. 뇌의 측두엽 옆에 거울신경세포라는 것이 있는데 상대방의 표정을 그대로 따라 하며 학습하는 신경세포이다. 가족은 표정까지 학습하는 감정공동체이다.

이때 주의해야 할 것은 미소를 띠어야 한다는 것이다. 웃음에는 박장대소, 실소 등 여러 종류가 있는데, 아이에게는 가장 신뢰할 수 있는 미소를 띠는 것이 좋다. 그래야 아이도 미소 띤 얼굴로 엄마와 아빠를 바라볼 것이다.

　프로 부모가 되기 위해서는 3가지 방법인 칭찬, 접촉, 미소가 습관이 되어야 한다. 물론 처음부터 아이에게 칭찬을 아낌없이 하고, 다정하게 스킨십을 하고, 미소 띤 얼굴로 이야기하는 게 쉽지는 않다. 하지만 습관이 들 때까지 열심히 노력해야 한다.

　우리의 몸에 밴 습관을 고치는 데 필요한 시간은 21일이다. 3주 동안 아이를 보면 미소를 짓고, 아이에게 접촉하여 스킨십하고 칭찬을 해 주면 습관이 된다. 독일 속담에 '연습은 대가를 만든다.'는 말이 있다. 이런 연습을 꾸준히 실천하면 언젠가는 방법(How)을 익히고 프로 부모가 될 수 있다.

Q. 딸 둘이 있어요. 둘 다 시샘이 정말 많은데 동시에 누구를 더 사랑하느냐고 물으면 어떻게 해야 하나요?

A. 아이 모두에게 1순위라고 이야기해 줘야 합니다. "엄마의 마음에는 방이 2개가 있는데 그 방 크기가 똑같아. 그래서 너희 모두가 그 방 하나씩을 차지하고 있는 거야."라고 이야기해 줍니다.

　사람들이 많은 곳에서 크게 리액션하면서 칭찬하는 것도 아이의 자존감을 높이는 데 좋은 방법입니다. 아이는 부모의 칭찬을 늘 배고파하고 있다는 것을 잊지 말아야 합니다.

소리 지르지 않고
아이 키우는 방법

아이가 뱃속에 있을 때만 해도 아이에게 소리를 지르고 화를 낼 거라고는 상상도 하지 않았다. 하지만 아이를 기르다 보면 아이를 사랑하는 마음이 달라지지는 않았지만 아이에게 소리를 지르는 일이 자주 생기곤 한다.

엄마 아빠는 왜 소리를 지르는 걸까? 엄마라면 모성애가 가득해서 웬만한 아이의 잘못에도 쉽게 넘어갈 수 있으리라 생각한다면 그건 오산이다. 엄마 아빠도 인간이다. 아이를 사랑하지만 부모도 인간이기 때문에 화를 낼 수밖에 없다. 사실 아이는 내가 낳았지만 내 마음대로 안 된다. 그런데 내 마음대로 하려다 보니 소리를 지르게 되는 것이다.

또한 요즘 부모들은 부모가 지나치게 애를 쓰는 면이 있다. 때로는 자신만의 '단어' 속에 갇힌 부모가 많다. '아이를 존중해야 한다.', '좋은 엄마', '엄마표' 등의 말에 집착해서 '나도 그렇게 되어야지!' 하다 보면 지치게 된다.

육아는 20년 이상의 여정이다. 따라서 육아에 지나치게 몰두하여 지쳐 버리면 좋지 않다. 아이는 어제도 키웠고, 오늘도 키우고, 내일도 키울 존재이다. 오늘 하루 바짝 열심히 한다고 해서 될 일이 아니라는 말이다. 짧은 시간 내에 에너지를 다 고갈시키면 남은 육아의 여정이 더욱 힘들 뿐이다.

뿐만 아니라 지나치게 육아에 몰두해 버리면 다른 것을 볼 수가 없다. "이렇게 키우는 게 좋대.", "아이를 키울 때는 그러면 안 된대." 등 조각조각 아는 것은 많으나 전체를 보지 못할 수 있다. 중요한 것은 육아에 대한 철학과 개념을 바로잡는 것이다. 중심을 바로잡지 않으면 가벼운 바람에도 흔들리고 휘청거릴 수 있다.

만약 지금 육아를 하면서 아이가 뜻대로 되지 않아 버럭버럭 소리를 지르고 있다면 그러지 않도록 노력하고 연습해야 한다. 육아도 노력과 연습으로 충분히 좋아질 수 있다. 교육은 혼내고 야단치고 소리를 지르는 것이 아니라는 것을 잊지 말아야 한다. 아침에 일어나서 '소리 지르지 않겠다.'고 스스로 다짐하는 게 필요하다. 이런 노력과 연습을 하다 보면 어느 정도의 효과를 볼 수 있다.

소리를 지르면 지를수록 아이는 부모의 마음을 몰라준다. 오히려 차분하고 작은 목소리로 조곤조곤 이야기를 나누는 게 효과가 좋다. 그러면 흥분했던 아이도 마음을 가라앉히고, 눈물을 쏟았던 아이도 울음을 그치고 자신의 마음을 이야기한다. 소리를 지르지 않고 아이의 마음에 귀를 기울이면 어렵지 않게 소통할 수 있다. 서로의 마음이 통한다면 해결할 수 없는 육아 문제란 없다. 소통이 부모와 자식 사이를 단단하게 연결해 줄 수 있음을 잊지 말아야 한다.

소리 지르기 전에 생각하라

'너 정말 엄마 말 안 들을래?'라는 말이 목구멍까지 나왔다면 잠시 숨을 고르는 게 바람직하다. 그리고 소리를 지르기 전에 곰곰이 생각해 보아야 한다. '내가 왜 소리를 지르지? 화가 났나? 짜증이 났나? 아이에게 실망했나? 위험한 상황이었나?' 하고 말이다.

사실 소리를 지르는 감정의 정체는 자녀를 키우는 과정에서 생기는 '불편한 감정'이다. 화를 내고 소리를 지르는 건 엄마도 매우 불안하기 때문이다. 아이가 다칠까 봐 놀란 마음에, 아이가 잘못될까 봐 불안한 마음에, 아이가 엇나갈까 봐 걱정되는 마음에 소리를 지르게 된다.

그런데 아이들은 자주 소리 지르는 부모의 말은 오히려 잘 듣지 않는 경향이 있다. 늘 소리를 지르다 보면 '우리 엄마는 늘 저러지.'라고 생각해서 오히려 아이들을 무덤덤하게 만든다. 이럴 때는 소리를 지르지 말고 오히려 작은 소리로 말하는게 방법이다. "엄마가 생각해 봤는데 말이야."라고 작은 소리로 이야기하면 아이는 엄마의 말에 귀를 기울이게 된다.

또한 화가 나서 소리를 지를 것 같을 때는 소리를 지르지 말고, 화를 내지 말고 자신만의 방법으로 그 시간을 피하는 것이 좋다. 예를 들어 청소기를 돌리거나 창문을 활짝 열고 환기를 시키거나 화장실에 가서 세수를 하는 등 자신만의 방법으로 한 고비 넘기는 지혜가 필요하다.

아이의 문제 행동을 유심히 관찰하라

늘 소리를 지르는 것은 문제가 생기고 난 뒤의 일이다. "너 장난감 정리하라고 했지!", "왜 가만히 안 있고 엄마를 힘들게 해!" 하고 말이다. 아이들이 문제를 저 지르고 나서 그 뒷감당을 하려니 엄마도 목소리가 높아지는 것이다. 그러니 아이 가 문제 행동을 하기 전에 유심히 관찰하는 게 필요하다.

사실 아이들은 언제나 부모에게 신호를 보낸다. 더운 여름 날, 놀이터에서 놀 던 아이가 갑자기 친구를 때렸다면 엄마는 "너! 친구 왜 때려!"라고 소리를 지르 게 된다. 하지만 그 전에 생각해 보면 아이는 더워서, 목이 말라서 지친 표정을 보 였고 엄마에게 힘든 기색을 보였을 것이다. 아이가 문제 행동을 하기 전에 엄마가 먼저 "우리 시원한 아이스크림 먹으러 갈까?" 하고 제안하면서 문제 행동을 하지 않게 하면 되었던 것이다.

이처럼 아이가 갑자기 말을 하지 않고, 시선을 마주치지 않고, 징징거리고, 지친 기색을 보이는 등의 사소한 행동을 잘 탐색하는 것이 필요하다. 아이들은 문제 행 동을 하기 전에 부모에게 끊임없이 신호를 보낸다.

추측하지 말고 아이의 속마음을 물어봐라

아이의 행동을 잘 관찰하라고 했지만 그렇다고 해서 아이를 CCTV처럼 24시간 감시하는 건 절대 금지이다. 그러면 아이는 오히려 불편함을 느끼게 되고 엄마 역시 지칠 수밖에 없다.

만약 아이가 보내는 신호를 못 알아차렸다면 직접 물어보도록 한다. 하지만 "넌 도대체 왜 그러니?"라고 화를 내면서 얘기하는 것은 바람직하지 않다. "우리 아들, 왜 갑자기 화가 났어?"라고 차분히 물어본다. 이때 소리 지르고 싶은 것을 꾹 참고 아이의 말을 끝까지 들어 주는 것이 가장 중요하다. 왜냐하면 아이는 엄마의 차분한 질문에도 쉽사리 자기 마음을 표현하지 않을 수 있기 때문이다. 그럴 때 "빨리 말하지 못해!"라고 다그치는 것도, "됐어! 그만해!"라고 자르는 것도 모두 피해야 하는 행동이다.

하루에 10분씩 신문을 읽으며 통찰력을 키워라

2015년 언론 수용자 의식 조사에 따르면 신문 구독률이 1996년에는 69.3%이던 것이 2012년에는 24.7%로 줄었고, 2015년에는 14.3%밖에 되지 않는다. 시간이 지날수록 신문 구독률이 현저하게 떨어지고 있다.

하지만 신문을 보는 것은 여러모로 이로운 점이 많다. 인터넷 모바일 뉴스의 경우 본인이 보고 싶은 뉴스만 보게 되지만, 신문을 펼치면 평소 관심 밖의 세상 이야기까지 모두 보게 된다. 신문을 보면서 세상은 변화되고 우선순위에 따라 내용 배치가 늘 달라지는 것을 알 수 있다. 중요한 것과 덜 중요한 것, 중요하지 않은 것을 구분할 수 있게 된다.

따라서 부모 혼자서도 좋지만 아이와 함께라면 더욱더 하루 10분씩이라도 신문을 펴 놓고 읽는 것이 좋다. 그래야 갈등 상황에서 무엇이 더 중요하고, 무엇을 먼저 해결해야 하는지 빨리 파악하는 힘을 키울 수 있다.

이때 이런저런 지식을 주입하는 것은 피하는 게 좋다. 대신에 중요한 정보는 무엇인지, 그렇지 않은 정보는 무엇인지를 판단하는 힘을 키우는 게 좋다. 신문에 있는 많은 정보 중에서 '내게 필요한 정보는 무엇'이고, '최근에 가장 중요한 정보는 무엇'인지 등을 가려내는 힘을 키워야 한다. 정보를 거르고 처리하는 능력을 키우는 것은 부모와 자녀가 함께 신문을 보면서도 할 수 있다.